Safi Nidiaye

Der Schlüssel liegt im Herzen

SAFI NIDIAYE

Der Schlüssel liegt im Herzen

WIE BEWUSSTES FÜHLEN PROBLEME LÖST

IMPRESSUM

SAFI NIDIAYE . DER SCHLÜSSEL LIEGT IM HERZEN

ORIGINAL-TITEL | The Keys to the Heart Method, Shortcut to Happiness

ÜBERSETZT AUS DEM ENGLISCHEN | Safi Nidiaye; überarbeitet & ergänzt

LEKTORAT | Susanne Hülsenbeck

UMSCHLAGGESTALTUNG & SATZ | Bianca Meding

DRUCK | FINIDR s.r.o., Český Těšín, Tschechische Republik

BILDNACHWEIS | Schlüssel . macrovector | Aquarell . renata.s . Freepik

ILLUSTRATIONEN | Shutterstock . Huza Studio

ISBN 978-3-932130-65-6

Das vorliegende Buch ist die von der Autorin ins Deutsche übertragene, überarbeitete und ergänzte Version der englischen Originalausgabe, die 2018 erschien unter dem Titel: The Keys to the Heart Method, shortcut to Happiness.

THEORIE Teil I

INHALT

PRAXIS Teil 2

ANWENDUNG Teil 3

VORBEMERKUNG

[Vorbemerkung für diejenigen, die die Körperzentrierte Herzensarbeit schon kennen]

Vor einiger Zeit verspürte ich den Drang, eine kurze Darstellung meiner Methode, die ich ja schon in vielen Büchern vorgestellt habe, in englischer Sprache zu schreiben. Nicht, dass ich so gut Englisch spräche, aber das psycho-spirituelle Fach-Englisch beherrsche ich, aus unzähligen Erfahrungen heraus. Ich ahnte, dass die Einfachheit und Direktheit des Englischen beziehungsweise Amerikanischen mich in die Lage versetzen würde, auf neue, erfrischende Weise über diese wunderbare Methode zu schreiben. So war es dann auch, und 2018 brachte ich mit Hilfe einer Übersetzerin, die mein Englisch überarbeitete und jene Teile übersetzte, die ich in Deutsch geschrieben hatte, als mir die englische Puste ausging, „The Keys to the Heart Method: Shortcut to Happiness“ heraus.

Diese kurze, griffige, lebendige Einführung in die Körperzentrierte Herzensarbeit war offenbar so gut gelungen, dass sie von Fachleuten als die bisher beste Darstellung der Methode bezeichnet wurde. Da dachte ich mir: Wenn das so ist, dann sollte sie auch für das deutschsprachige Publikum erhältlich sein. Hier also meine deutsche Version dieses Buches. Beim Eindeutschen habe ich – ich kann nicht anders – zugleich den Text überarbeitet, hier etwas gestrichen, da etwas genauer ausgedrückt und dort etwas ergänzt. Seien Sie mir also nicht böse, wenn die deutsche Version nicht hundertprozentig der Originalversion entspricht.

Für Sie, die Sie die Methode schon aus anderen Büchern oder aus Seminaren kennen, kann der vorliegende Band vielleicht trotzdem von Nutzen sein; so wie ich selber beim Schreiben hier und da noch einmal eine tiefere, genauere oder erweiterte Erkenntnis gewonnen habe, so werden auch Sie vielleicht hieraus noch Inspiration schöpfen können. Wenn Sie aber nach einigen Seiten sagen: „Pfff, kenne ich ja alles schon", dann ist dieses Büchlein sicherlich ein sehr geeignetes Geschenk für jemanden, dem Sie die Herzensarbeit nahebringen möchten, da es die Methode, ihren Zweck und ihren Hintergrund noch einmal ganz neu darstellt.

Ist mein Herz offen,
nehme ich Gefühle bewusst wahr:
meine eigenen ebenso wie die anderer.
Ist es verschlossen,
erleide ich sie.

EINFÜHRUNG

Wie kommt es, dass wir so oft in unserem Unglück, unserem Versagen, unserer Schuld gefangen bleiben, unfähig uns zu entscheiden oder unsere Lage zum Besseren zu wenden? Warum neigen unsere Probleme dazu, sich zu verhärten oder zu wiederholen, warum erfüllen sich so viele unserer Wünsche nicht? Was macht es so schwer, sich selbst zu verändern, aus seinen Verhaltens- und Denkmustern herauszukommen, ein glücklicherer Mensch zu werden, seine Ziele zu erreichen? Ist das eigentlich natürlich – ich meine, sollte nicht alles viel leichter gehen? Sollte das Leben nicht einfach sein?

Viele Methoden, Techniken, Strategien sind entwickelt worden, die uns helfen sollen, glücklicher, erfolgreicher und gesünder zu werden und besser miteinander auszukommen. Ich habe viele von ihnen studiert und einige mit Fleiß und Eifer ausprobiert; aber ganz gleich, ob sie auf Psychologie, Neurowissenschaft oder spirituellen Techniken basierten, etwas fehlte mir immer. Zu kompliziert, nicht effektiv genug, zu viel Selbstvergewaltigung und Gefühlsverdrängung, wirkungslos, oder nur vorübergehend wirksam …

Schließlich fand ich das Element, das ich bei allem vermisst hatte. Es war etwas sehr Einfaches, aber es machte den Unterschied. Diese einfache Sache war bewusste Wahrnehmung. Bevor du etwas verändern kannst, musst du es nämlich wahrnehmen. Und witzig genug: Schon dieses bewusste Wahrnehmen setzt Veränderung in Gang! Wenn du es weglässt, wird nichts, was du auf dem spirituellen oder psychologischen Weg unternimmst, dir wirkliche Veränderung bringen.

Bewusste Wahrnehmung, konzentriert und fokussiert, ist der Weg zur Freiheit. Auf dem Weg der bewussten Wahrnehmung und geführt von meiner Intuition, entdeckte ich diese Methode, die fast jedes Lebensproblem lösen, unsere tiefsten emotionalen Wunden heilen, unsere Herzen öffnen und uns von all den fremden Bürden befreien kann, die wir uns unbewusst aufgeladen haben. Und das alles ohne Selbstvergewaltigung, ohne Strategien, ohne etwas zu tun – außer wahrzunehmen.

Ich nannte diese Methode „Körperzentrierte Herzensarbeit".

Möge diese wunderbare und einfache Technik Ihnen helfen, das zu werden, was Sie werden möchten, und Sie von den Verhaltensmustern, Einschränkungen und Automatismen befreien, die Sie daran hindern. Möge sie Ihnen ermöglichen, Ihre Probleme in der Tiefe zu lösen, so dass Sie Heilung finden und Ihr Wesen in Freiheit und Schönheit entfalten können!

Und verzeihen Sie mir, dass ich Sie in den folgenden Texten mit „Du" anrede – mit dieser Anrede scheint mir der Kontakt zum Herzen direkter …

THEORIE

Teil I

Schalte das Licht
der Bewusstheit an
und entdecke,
dass alles ganz anders ist...

DER SCHLÜSSEL ZU ALLEM LIEGT IM HERZEN

Wenn du ein besserer, glücklicherer, gesünderer oder erfolgreicherer Mensch werden möchtest, musst du in dich gehen und dich um deine Gefühlswelt kümmern. Denn hier liegt der Schlüssel. Du kannst dir Erfolg oder Glück oder Gesundheit wünschen, soviel du willst: Wenn du dich nicht erfolgreich, glücklich oder gesund fühlst, wird das Ersehnte auf sich warten lassen. Aber wie kannst du dich zwingen, dich anders zu fühlen, als du dich fühlst? Gar nicht. Es nützt nichts, sich andere Gefühle einzureden als die, die man hat. Was aber hilft, ist, die tatsächlich vorhandenen Gefühle einmal ganz bewusst kennenzulernen und sich in adäquater Weise, das heißt mit dem Herzen um sie zu kümmern. Ein Gefühl bewusst mit dem Herzen wahrzunehmen, führt automatisch zu einer Veränderung der Gefühlslage, und jede innere Veränderung zu einer äußeren.

Der Schlüssel für die angestrebte Wandlung liegt im Herzen. Denn das, was eine Situation zu einem Problem macht, ist nicht die Situation selbst, sondern die Art, wie wir uns damit fühlen.

Gefühle sind die Basis unseres Strebens nach Erfolg, Liebe, Geld, Ruhm oder Macht. Gefühle – oft als Vernunft getarnt – veranlassen uns, bestimmte Personen oder Situationen zu meiden, und Gefühle sind es, die uns daran hindern, zu tun, was wir tun möchten. Gefühle oder Emotionen (das ist in meiner Sprache gleichbedeutend) führen uns dazu, in Konflikte zu geraten oder einen Krieg anzuzetteln. Daher musst du dich um deine Gefühle kümmern, wenn du dich selber, dein Leben oder deine Beziehungen verbessern willst. Um dich in der richtigen Weise um sie kümmern zu können, musst du sozusagen das Licht deines Herzens einschalten und es auf deine Gefühle richten.

Dabei wirst du entdecken, dass es weit mehr Möglichkeiten für dich gibt, als du gedacht hast.

Dreizehn Dinge, die du über Gefühle (oder Emotionen) wissen solltest:

1. So gut wie alle unsere Handlungen und Reaktionen werden durch Emotionen ausgelöst, und zwar hauptsächlich durch solche, die uns nicht bewusst sind.

2. Fast alle unsere Probleme – individuell wie kollektiv – werden dadurch verursacht, dass wir Gefühle nicht fühlen, sondern uns von ihnen beherrschen lassen.

3. Beherrschen können sie uns deshalb, weil wir sie mit Tatsachen verwechseln.

4. Ein Gefühl ist aber keine Tatsache und auch kein Objekt. Es nur die Art und Weise, wie wir uns in einem bestimmten Moment in Bezug auf eine bestimmte Sache fühlen.

5. Deshalb ist es nichts Festes, sondern etwas Flüchtiges. Man sieht es noch bei Kindern, wie schnell und vollständig Freude, Trauer, Wut, Hoffnung, Vergnügen einander abwechseln. Fühlen ist wie ein Fluss. Ein Gefühl ist ein Ausschnitt dieses Flusses. In Wirklichkeit ist ein Gefühl niemals ein Problem – es sei denn, wir verwechseln es mit einer Tatsache oder mit etwas Festem, das wir für einen Teil des eigenen Wesens halten.

6. Da eine Emotion nur eine Art ist, sich zu fühlen, keine Tatsache und nichts Statisches, das für immer in unserer Realität bleibt, sondern sich von einem Moment zum anderen ändert – darum ist es unsinnig, zu versuchen, sie zu überwinden. Alles, was nötig ist, ist, sie zu fühlen.
Ein Gefühl bewusst zu fühlen führt automatisch dazu, dass ein anderes Gefühl entsteht. Indem du versuchst, es zu überwinden, machst du es zu etwas Festem, so ähnlich, als würdest du Wasser in Eis verwandeln. Gefühle müssen auch nicht geheilt werden, da sie nichts Krankes sind. Sie sind ja nur die Art und Weise, wie wir uns in einem bestimmten Moment mit einer bestimmten Sache fühlen. Und das hat immer seinen Grund und seinen Zweck!
Du musst deine Emotionen auch nicht akzeptieren, wenn du das nicht möchtest. Alles, was sie von dir brauchen, ist, gefühlt zu werden. Das ist es übrigens auch, was die Seele lebendig macht: fühlen.

7. Sobald du dir einer Emotion bewusst geworden bist und beginnst, sie zu fühlen, hört sie auf, dich zu beherrschen.

8. Der Ort, an dem Gefühle sich ausdrücken, ist der Körper. Fühlst du sie bewusst, verschwindet ihr körperlicher Ausdruck. Unterdrückst du sie oder nimmst sie zwar oberflächlich wahr, fühlst sie aber nicht, so bleibt ihr Ausdruck im Körper erhalten. Deshalb ist der Körper auch der Ort, an dem man die Gefühle, die man wahrzunehmen versäumt hat, jederzeit wieder aufspüren kann. Du musst nur deine Aufmerksamkeit in den Körper richten.

9. Sobald du beginnst, in einem Körperzustand ein Gefühl zu entdecken und es bewusst zu fühlen, fängt dein Herz an, sich diesem Gefühl zu öffnen.

10. Diese Herzöffnung geschieht dadurch, dass die Riegel, die du einst zwischen dein Herz und dieses Gefühl geschoben hast, einer nach dem anderen wegfallen. So bekommt dein Gefühl endlich den richtigen Platz. Dann wird es dich nicht weiter tyrannisieren und unglücklich machen, sondern dir zeigen, wozu es da ist. Denn jedes Gefühl hat seinen Sinn und Zweck.

11. Viele der Gefühle, unter denen du leidest, sind gar nicht deine eigenen, sondern gehören jemand anderem. Einem Elternteil, Partner oder Menschen, denen du begegnet bist oder die mit deinem aktuellen Problem zu tun haben. Du hast diese Emotionen gefühlt, ohne zu merken, dass es gar nicht deine waren. Daher hast du dich mit ihnen identifiziert, sie dir zu eigen gemacht. Wenn du einmal in einem Problem oder einem Muster feststeckst, kann das daran liegen, dass du ein Drama auslebst, das gar nicht deines ist.

12. Sich von einem solchen fremden Gefühl zu befreien, ist einfach: Du musst nur erkennen, dass es nicht dir gehört, sondern jemand anderem, und es an diesen Jemand zurückgeben – ein Zurechtrücken in deinem eigenen Geist.

13. Der Schlüssel zu fast jedem Problem in deinem Leben liegt in deinem Herzen.

Meine Realität gefiel mir nicht.

Also bemühte ich mich, sie zu ändern.

Aber je mehr ich dies versuchte,
desto mehr widersetzte sie sich.

Schließlich gab ich auf.

Statt gegen sie zu kämpfen,
begann ich, sie wahrzunehmen.

Da fing sie an, sich zu verändern.

Kämpfe nicht um Veränderung – wache auf und fange an, bewusst wahrzunehmen

Etwas geschieht, das dich unglücklich macht. Oder wütend.
Du willst aber nicht unglücklich oder wütend sein.
Folglich versuchst du, die Situation zu ändern.
Oder die andere Person. Oder deine Gefühle. Oder dich selbst.

Aber die Situation ist nicht so leicht zu ändern. Du schaffst es entweder gar nicht oder es gelingt dir, aber bald gerätst du in eine ähnliche Situation. Das eigentliche Problem liegt nicht in der Situation, sondern in dir selber.
Oder du versuchst an den beteiligten Mitmenschen etwas zu verändern. Vielleicht korrigieren sie tatsächlich ihr Verhalten, fallen aber bei gegebenem Anlass in das alte Verhalten zurück. Selbst wenn du das unwahrscheinliche Glück hast, bei einer Person eine dauerhafte Veränderung bewirkt zu haben – kommt ja vor –, wird wahrscheinlich jemand anders in dein Leben treten, der wieder das lästige Verhaltensmuster zeigt. Und schon bist du wieder unglücklich... Das Problem liegt aber nicht im Anderen, es liegt in dir selber.

All das wissend, versuchst du, dich selber zu verändern: Du arbeitest hart daran, deine Persönlichkeit, dein Denken, deine Gefühle, deine Verhaltensmuster zu ändern. Vielleicht klappt das sogar. Aber früher oder später lässt irgendetwas dich in deine alten Gewohnheiten zurückfallen, so dass du wieder wütend oder unglücklich reagierst.
Das eigentliche Problem liegt eben nicht darin, wer oder wie du bist, sondern in etwas ganz anderem: in deinem Mangel an Bewusstheit.

Bewusstheit ist das A und O. Ohne sie funktioniert nichts. Weder auf dem spirituellen Weg, noch, wenn es um emotionale Heilung geht. Ohne Bewusstheit wirst du weder deine wahren Probleme lösen, noch deine wahren Ziele erreichen können.

Dein wahres Problem liegt nämlich meist nicht in deiner äußeren Lage, sondern in deiner inneren Verfassung. In der Art und Weise, wie du denkst und fühlst. Sie ist es, die die Situation zu einem Problem für dich macht. Nicht dieses Denken und Fühlen zu ändern bringt die Lösung, sondern daraus aufzuwachen. Es ist die Identifikation mit einem bestimmten Gedanken und Gefühl, die dich hypnotisiert und deiner Problematik immer neue Nahrung gibt. Aus dieser Identifikation musst du aufwachen. Das heißt, dass du den Gedanken, den du unbewusst für wahr hältst, als Gedanken erkennen musst. Und das Gefühl, das du für Tatsache hältst, als Gefühl. Nur dadurch kannst du das lösen, was ich „dein wahres Problem" genannt habe. Und mit deinem „wahren Ziel" meine ich nicht die konkrete Erfüllung des Wunsches, den du hegst, sondern das, was diese Erfüllung dir bringt. Du wünschst dir verzweifelt diese bestimmte Sache. Wenn du aber tiefer schaust, wirst du feststellen, dass es dir letztlich nicht um die Sache geht, sondern darum, wie du dich fühlen würdest, wäre diese Sache dein eigen. Solange du diesen Zusammenhang nicht verstehst, wird deine Sehnsucht sich nicht wirklich erfüllen, sondern dich weiter quälen. Du hast ja dein wahres Ziel nicht erreicht, das in einem bestimmten Gefühl besteht. Dieses Gefühl mag sogar in dir vorhanden sein, und wahrscheinlich bist du sehr stark mit ihm identifiziert – „Ich bin ja so glücklich" –, aber du erkennst es nicht als Gefühl und fühlst es nicht bewusst. Solange das so ist, möchtest du immer mehr von dem haben, was dir dieses Gefühl verschafft. Aber Bewusstheit, richtig angewandt, kann dir zur Erfüllung verhelfen. Das gute Gefühl erkennen, bewusst wahrnehmen, ihm dein Herz öffnen, es ganz und gar fühlen und als Gefühl erkennen: Das ist es, was die Erfüllung bringt – und damit die Lösung des Problems, das ja darin bestand, dass du das ersehnte Gefühl nicht hattest.

So ist Bewusstheit ein wunderbares Instrument, um Probleme zu lösen und Sehnsüchten zur Erfüllung zu verhelfen. Auch was das Vorankommen auf dem spirituellen Weg betrifft, geht gar nichts ohne Bewusstheit. Wenn du nicht deine Fähigkeit zur bewussten Wahrnehmung entwickelst und wenn du nicht diese Fähigkeit an allem übst, was in dir vorgeht und dir geschieht, wirst du vielleicht durch deine spirituelle Praxis sehr schöne und erhebende Momente erleben, womöglich sogar glauben, dass du erwacht oder erleuchtet bist, aber diesem Erwachen, dieser Erleuchtung fehlt die Grundlage, die es real macht. Die nüchterne, neutrale, bewusste Wahrnehmung.

Deshalb ist unser Ausgangspunkt:

Bewusstheit einschalten.

Entdecken, was es bedeutet,
bewusst und objektiv wahrzunehmen,
ohne zu interpretieren oder zu urteilen.

Schalte das Licht der Bewusstheit ein und entdecke, dass alles ganz anders ist

Bewusste Wahrnehmung ist ein sehr machtvolles Instrument, vielleicht das mächtigste, das wir besitzen. Sie ermöglicht uns, die Gedanken und Gefühle, die unsere Probleme verursachen, zu entdecken und aus ihnen zu erwachen, so wie man aus einem schlechten Traum erwacht. Vielleicht bist du von klein auf unterschwellig überzeugt gewesen, wertlos zu sein. Immer wenn eine Situation dich an diese „Tatsache" erinnert, reagierst du emotional. Aber wenn du bewusste Wahrnehmung einschaltest und sie nach innen richtest, wirst du entdecken, dass Wertlosigkeit keine Tatsache ist, sondern eine Idee, die ein Gefühl erzeugt. Den Schmerz der Wertlosigkeit. Alles, was dieser Schmerz braucht, ist einmal ganz bewusst gefühlt, dadurch als Gefühl erkannt und ins Herz geholt zu werden. Im selben Moment bist du aus dem Gedanken, wertlos zu sein, erwacht und die alte seelische Wunde beginnt zu heilen. Wenn nun wieder etwas Ähnliches geschieht, reagierst du nicht mehr so stark und mit der Zeit überhaupt nicht mehr emotional. Die emotionalen Reaktionen haben ja ihren Grund verloren!

Bewusstheit ist gleich Licht

Was dir nicht bewusst ist, liegt für dich im Dunkeln, was dir bewusst ist, im Licht. Du kannst es sehen. Die meisten unserer Gedanken und Gefühle sind im Dunkeln des Unter- oder Unbewussten verborgen, wir bemerken sie nicht, sind jedoch mit ihnen iden-

tifiziert. Das heißt: Ohne es zu wissen, halten wir sie für Wahrheiten oder Tatsachen. Da wir uns jedoch der Gedanken und Gefühle, die hinter unserem Verhalten stecken, gar nicht bewusst sind, rechtfertigen wir unsere Handlungen mit vernünftigen Argumenten vor uns selbst. Zum Beispiel sage ich mir, dass es nicht vernünftig ist, auf ein Fest zu gehen, weil ich am nächsten Tag arbeiten muss – während ich in Wirklichkeit einfach Angst habe mich zu blamieren. Aber diese Angst sehe ich nicht, sie befindet sich außerhalb des Lichtkegels meiner Bewusstheit. Fragt mich jemand, wovor ich denn Angst habe, antworte ich. „Ich? Angst? Ich versuche nur, vernünftig zu sein!“

Manchmal kommt es vor, dass ich einer Einladung folge, obwohl ich das gar nicht möchte. Aber ich will die Person, die mich einlädt, nicht verletzen, das sage ich mir jedenfalls. Jedoch mein wirkliches Motiv, die Einladung abzulehnen, liegt im Dunkeln: Ich möchte mich nicht schuldig fühlen, nicht als schlechter Mensch betrachtet werden. Obwohl oder gerade weil ich dieses Gefühl von Schuld und Schlechtigkeit nicht bemerke, beherrscht es mich, zwingt mich, die Einladung anzunehmen. Richte ich aber den Lichtstrahl meiner Aufmerksamkeit auf dieses Gefühl, so kann ich erkennen, dass es ein Gefühl ist und keine Tatsache. Die Folge: Ich nehme es immer noch wahr, aber eben als Gefühl, anstatt es für Tatsache zu halten. Ich kann nun tun, was ich wirklich tun möchte: die Einladung ablehnen. Das Schuldgefühl geht davon nicht weg, aber ich kann es ruhig da sein lassen, es ist ja nur ein Gefühl. Wenn ich noch einen Schritt weitergehe und mein Herz für dieses Gefühl öffne, indem ich mich frage, was es von meinem Herzen braucht, wird sich meine innere Lage noch weiter verbessern. Aber dazu kommen wir in späteren Kapiteln.

Shit happen

Jetzt erst einmal zurück zum Licht der Bewusstheit.
Was bewirkt es, wenn du es einschaltest?
Nehmen wir an, etwas passiert – Shit happens...

Bei ausgeschaltetem Licht:

Dein Bewusstsein befindet sich im üblichen Schlafzustand. Du reagierst gemäß deiner Automatik, interpretierst die Dinge so, wie du sie immer interpretiert hast. Du reagierst in Wirklichkeit nicht auf die gegenwärtige Situation, sondern auf eine aus deiner Vergangenheit.

Bei eingeschaltetem Licht:

Du bist wach, bei dir, bei Bewusstsein. Du nimmst deine automatisch auftauchenden Gedanken und Gefühle bewusst und als das wahr, was sie sind: Gedanken und Emotionen. Statt durch die Brille deiner Interpretationen betrachtest du die Lage aufmerksam und neutral. Deine Antwort auf die Situation bezieht sich auf die Gegenwart und nicht auf die Vergangenheit.
Konkret: Du begegnest deinem Nachbarn. Er geht an dir vorbei, ohne deinen Gruß zu erwidern.

Bei ausgeschaltetem Licht:

Automatisch schließt du daraus, dass er dich nicht mag oder auf dich herabschaut. Das macht dich wütend. Beim nächsten Mal wirst du ihn nicht mehr grüßen! Du merkst nicht, dass „er mag mich nicht“ oder „er schaut auf mich herab“ nur ein Gedanke ist, der ein Gefühl erzeugt, dass dieser Gedanke zutreffend sein kann oder auch nicht, und dass du das erzeugte Gefühl, dich abgelehnt oder verachtet fühlen, mit einer Tatsache verwechselst. Dir ist nicht klar, dass da einfach ein alter Schmerz aus der Kindheit geweckt wird.

Bei eingeschaltetem Licht:

Du merkst, dass der Gedanke auftaucht, dass er dich nicht mag oder auf dich herabschaut. Du merkst, dass dieser Gedanke einen Schmerz hervorruft, der dir vertraut ist. Du fühlst diesen Schmerz bewusst. Dadurch erwachst du aus der Identifikation mit diesem Gefühl und dem dazugehörigen Gedanken. Nun wird dir klar, dass alles, was gesichert ist, die reine Tatsache ist: Er ist an mir vorbeigegangen, ohne meinen Gruß zu erwidern. Alles andere ist Projektion. Womöglich ist der Mann mit einer Sorge beschäftigt oder hat dich überhaupt nicht bemerkt…

Ergänzung: Wenn du nicht nur das Licht deiner Bewusstheit einschaltest und das Gefühl wahrnimmst, sondern ihm auch noch dein Herz öffnest – wie das geht, werden wir in späteren Kapiteln sehen –, wirst du sogar fühlen können, was in diesem Menschen wirklich vorgeht. Denn wenn das Herz offen ist, ist es offen, und dann kann es fühlen – nicht nur die eigenen Gefühle, sondern auch die anderer!

Noch einmal grundsätzlich zusammengefasst: Shit happens…

Licht aus:

Du reagierst gemäß deiner Automatik, hast keine Macht über dich selbst, über die anderen oder die Situation.

Licht an:

Du hast Abstand, beobachtest deine Tendenz zu einer Automatik-Reaktion, kannst die Realität sehen, wie sie ist, statt nur deine eigene Projektion zu sehen, und deine bewusste Aufmerksamkeit gibt dir die Möglichkeit, so zu handeln, wie du wirklich handeln möchtest oder wie du es richtig findest. Du hast Einfluss auf dich selbst, auf die Situation und auf die anderen Beteiligten.

[BEISPIEL]

Leila und Fred

Leila führt eine glückliche Ehe mit Fred. Seit einiger Zeit aber geht ihr Mann ihr offensichtlich aus dem Weg. Er vermeidet es, ihr in die Augen zu schauen, er verbringt nicht mehr viel Zeit zu Hause. Leila wird misstrauisch. Sie durchsucht seine Sachen, um herauszufinden, ob er eine Affäre hat. Wer suchet, der findet: Leila entdeckt eine Restaurantrechnung für zwei Personen. Sie kocht vor Wut. Denn wenn sie mit ihm essen gehen möchte, sagt Fred, das sei zu teuer! Aber hier hat er ganz offensichtlich jemanden in ein Luxusrestaurant eingeladen! Voller Zorn und Misstrauen sammelt sie weitere „Beweise" für seine Untreue und eines Tages konfrontiert sie ihn mit den „Fakten" und droht mit Scheidung.

Aber wie sich herausstellt, ist alles ganz anders gewesen. Fred hat seinen Job verloren und sich dafür geschämt. Er hat Leila nicht mehr in die Augen geschaut, weil er sich nicht getraut hat, ihr das zu erzählen. Als Kind und als Jugendlicher ist er immer als Versager und Verlierer bezeichnet worden. So hat er verzweifelt versucht, eine neue Arbeit zu finden, ohne ihr davon zu erzählen. Der teure Restaurantbesuch war sein Versuch, einen alten Bekannten davon zu überzeugen, ihn einzustellen.

Weder Leila noch ihr Mann waren sich bewusst, welche Gedanken und Gefühle hinter ihrer Handlungsweise steckten.
Schauen wir uns die gleiche Geschichte noch einmal an.

Wie wäre die Sache verlaufen, wenn Leila rechtzeitig ihre bewusste Wahrnehmung eingeschaltet hätte?

Leila bemerkt, dass ihr Mann den Blickkontakt vermeidet und weniger Zeit mit ihr verbringt als sonst üblich. Sie merkt, dass sie sich dadurch verunsichert fühlt. Sie öffnet ihr Herz für diese Unsicherheit, das heißt, sie erlaubt sich, sich unsicher zu fühlen, in dem Bewusstsein, dass es sich dabei um ein Gefühl und nicht um eine Tatsache handelt. Aus diesem offenen Herzen heraus spricht sie Fred an und fragt ihn, ob ihn etwas bedrückt. Da ihre Frage aus dem Herzen kommt und mit Einfühlungsvermögen, Interesse und Respekt gestellt wird, ist Fred in der Lage, ihr zu erzählen, was geschehen ist. Allerdings verändert er die Geschichte ein wenig zu seinem Vorteil: In seiner Version hat er seinen Job deshalb verloren, weil er gewagt hatte, seinem Chef die Leviten zu lesen. Nachdem er seine Arbeit verloren hatte, erzählt er weiter, hätte er einen alten Bekannten getroffen, der ihn in jenem Luxusrestaurant zum Essen eingeladen hätte. Die Rechnung sei zufällig in seiner Tasche gelandet.

Wie wäre nun die gleiche Geschichte verlaufen, hätte Fred rechtzeitig das Licht der bewussten Wahrnehmung eingeschaltet?

Fred hat seinen Job verloren. Er merkt, dass er darüber Scham fühlt. Vor allem, wenn er sich vorstellt, es seiner Frau zu erzählen. Ihm wird bewusst, dass er dieses Gefühl aus seiner Kindheit kennt und diese Scham ihn vor einem Schmerz schützt: nämlich davor, sich als Verlierer zu fühlen. Während er sich dieser Gefühle bewusst wird,

wird ihm klar, dass er mit Gefühlen aus der Kindheit und nicht mit Fakten aus der Gegenwart zu tun hat. Das versetzt ihn in die Lage, Leila die Wahrheit zu sagen, auch wenn er sich etwas unsicher dabei fühlt: Er hat seinen Job verloren, er hat sich geschämt, er hat Angst gehabt, von ihr als Versager betrachtet zu werden…

Übrigens: Wenn Fred noch aufmerksamer hinschauen würde, könnte er bemerken, dass die Unsicherheit, die er während des Gesprächs mit Leila empfindet, in Wirklichkeit die Unsicherheit von Leila ist, die er unbewusst fühlt.

Das mögliche Happy End:

Am Ende sind Leilas und Freds Herzen füreinander offen, ihre Liebe ist gewachsen. Dadurch gestärkt, strahlt Fred nun Selbstvertrauen und Zuversicht aus, was wiederum mehrere Arbeitgeber, bei denen er sich bewirbt, dazu inspiriert, Fred ein Angebot zu unterbreiten, aus dem Fred nun das beste auswählen kann …

Bewusste Wahrnehmung wirkt Wunder

Bewusste Wahrnehmung bringt festgefahrene Situationen in Bewegung. Sie hilft dir, die Dinge so zu sehen, wie sie sind, anstatt sie im Licht deiner unbewussten Überzeugungen und Emotionen zu interpretieren. Sie schenkt dir Freiheit: Freiheit von deinen eigenen Überzeugungen, aber auch von der Abhängigkeit von Personen oder Umständen. Bewusste Wahrnehmung kann Heilung bewirken, Wünschen zur Erfüllung verhelfen, und nicht nur Probleme, sondern eine ganze Problematik lösen. Eine wahre Wundermedizin! Auf deine eigenen Gefühle angewandt, wird bewusste Wahrnehmung dir helfen, dein Herz zu öffnen und dir damit zu Verständnis, Mitgefühl und Respekt für deine eigenen Gefühle und letztlich auch für die anderer verhelfen.

Was ist bewusste Wahrnehmung?

Schalte das Licht der Bewusstheit ein. Jetzt gleich, nachdem du diesen Absatz gelesen hast. Das heißt: Nimm dir vor, alles, was du wahrnimmst, bewusst wahrzunehmen. Was du siehst, hörst, riechst, spürst, schmeckst … Und deinen Atem. Spüre ihn bewusst.

Das ist der Anfang:

Fühle den Atem.
Spüre den Körper.
Nimm die Sinneseindrücke wahr.

Jetzt hast du bewusste Wahrnehmung eingeschaltet und bist gegenwärtig. Anders als im üblichen Zustand, wo dein Bewusstsein überall weilt, nur nicht im Hier und Jetzt. Wo es von Gedanken, Gesprächen, Bildschirmen, Eindrücken absorbiert ist. Wenn du wirklich frei werden möchtest von deiner Problematik, deinen negativen Grundüberzeugungen, deinen Abhängigkeiten und Verhaltensmustern, ist dies das erste, das du erlernen und üben musst: bewusst zu sein. Natürlich rutschst du immer wieder heraus aus der Bewusstheit, das tun wir alle, das ist normal. Aber dann schaltest du die Bewusstheit einfach wieder ein. Fühlst den Atem, spürst den Körper, nimmst die Sinneseindrücke wahr. Und schon bist du wieder da.

Erinnere dich daran, deinen Atem wahrzunehmen, wieder und wieder, in jeder Situation. Das erinnert dich automatisch daran, auch deinen Körper zu spüren und die Sinneseindrücke wahrzunehmen, mit anderen Worten: in der Realität des gegenwärtigen Augenblicks anwesend zu sein.

Das ist die Startbasis für die Übung, um die es in diesem Buch geht.
Wahrnehmen.

Aber Achtung:
Es ist keine Arbeit. Wahrnehmen ist nicht etwas, das man tut, sondern etwas, das geschieht – die Frage ist nur, ob man es bemerkt oder nicht. Es zu bemerken, bedeutet bewusste Wahrnehmung.

Die Katze kommt herein, ich nehme es wahr.
Der Boden knarzt, ich nehme es wahr.

An meinem linken Fuß juckt es, ich nehme es wahr.
Da ist ein wütender Gedanke über diesen Juckreiz, ich nehme ihn wahr.
Da ist der Gedanke, dass die Übung langweilig ist. Ich nehme ihn wahr.
Ich spüre meinen Atem.

Diese Grundübung, wie man sie in der Zen- oder Vipassana-Meditation kultiviert, ist der erste Schritt der Körperzentrierten Herzensarbeit.

Den Atem fühlen.

Den Körper spüren.

Die Sinneseindrücke wahrnehmen.

Diese einfache Übung lohnt sich. Schon einige Minuten am Tag tun gut. Die Aufmerksamkeit wird geweckt und geschärft. Ich bin wacher, präsenter, besser vor Fremdgefühlen und Fremdeinflüssen geschützt, zentrierter, mehr bei mir. Ich bin in der Lage, zu entscheiden, was ich tue, anstatt automatisch zu reagieren. Auch gibt es mir eine Art Zuflucht bei mir selber.

Dieselbe Art bewusster Wahrnehmung, die in dieser Grundübung auf nichts Besonderes gerichtet ist, lässt sich auch gezielt auf etwas richten: auf deine Gedanken, wenn du merkst, dass sie gerade um ein Problem kreisen. Auf den Körperzustand, der diese Gedanken begleitet. Auf die Gefühle, die sich darin ausdrücken.

WIE MAN EINE EMOTION WAHRNIMMT, OHNE VON IHR ÜBERMANNT ZU WERDEN

Letztlich geht es immer um Gefühle.
Als ich das verstanden hatte, wurde mir klar: Der Schlüssel zu meinen Problemen, meinen Konflikten, zu all den Fragen, die mich quälen, liegt nirgendwo anders als in meinem eigenen Herzen.

Gedanken werden durch Beobachten wahrgenommen – Emotionen durch Fühlen.

Nun werden wir die Fähigkeit der bewussten Wahrnehmung, von der im vorigen Kapitel die Rede war, auf Emotionen anwenden. Im Gegensatz zu Gedanken, die aus einer Distanz heraus beobachtet werden können, kann man ein Gefühl nur wahrnehmen, indem man es fühlt. Es wie einen Gedanken mit Distanz zu beobachten, ist nur ein oberflächliches zur Kenntnis nehmen des Gefühls – um es vollständig wahrzunehmen, muss man es erleben, sprich fühlen.

- Gedanken nimmst du wahr, indem du einen Schritt zurücktrittst und dein Denken beobachtest.
- Gefühle nimmst du wahr, indem du in sie eintauchst und sie fühlst.
- Körperempfindungen nimmst du wahr, indem du sie empfindest.
- Gerüche nimmst du wahr, indem du sie riechst.

Was bedeutet das genau, eine Emotion wahrzunehmen? Wenn du wütend bist, woran merkst du, dass du wütend bist? Hauptsächlich an deinen Gedanken. Sie sind mit dem beschäftigt, was deine Wut auslöst. Wenn du nun die Wut wahrnehmen möchtest,

musst du die Richtung deiner Aufmerksamkeit ändern. Anstatt auf die Situation oder Person richtest du sie auf dich selbst. Als erstes wirst du merken, dass dein Körper unter Spannung steht und dein Atem heftiger geht als sonst. Wenn du dich nun in diesen Körperzustand bewusst hineinversetzt und ihn aufmerksam erlebst, beginnst du, die Wut wirklich wahrzunehmen. Sie ist das innere Erleben, das sich in diesem körperlichen Spannungszustand manifestiert. Wenn du sie nun bewusst und aufmerksam fühlst, wirst du erleben, wie dein Herz sich ihr öffnet. In späteren Kapiteln werden wir sehen, wie man diesen Öffnungsvorgang anregen und noch spezifischer gestalten kann. Der Moment, in dem dein Herz sich einem Gefühl öffnet, ist ein sehr berührender Moment, es ist wie nach Hause zu kommen, ein Moment der Liebe, etwas Intimes und Heiliges.
Danach geht es dir ganz anders als vorher. Vorher warst du außer dir, jetzt bist du bei dir. Deine Aufmerksamkeit verweilt nicht mehr bei der Sache oder Person, die dich wütend gemacht hat, sondern in deinem Herzen, bei deiner Wut, die nun bewusst gefühlt wird und ihren Platz hat. Das gibt dir Stärke und Würde.

[BEISPIEL]

Der unordentliche Tisch

Jeden Tag finde ich dieselbe Unordnung auf meinem Tisch vor – den Teil unseres großen, gemeinsam genutzten Tisches, der mir und niemandem sonst gehören soll, und jeden Tag brauche ich eine ganze Weile, um die Ordnung – MEINE Ordnung - auf diesem Teil des Tisches wieder herzustellen. Nicht ich, sondern mein Mann ist es, der diese Unordnung verursacht. Ich habe ihm oft gesagt, er solle meine Ordnung respektieren, er solle meine Papiere nicht anfassen. Warum kann er also nicht tun, was ich von ihm verlange? Ich bin so wütend. Ich habe mich schon oft darüber geärgert, ich habe meine Wut viele Male zum Ausdruck gebracht – es hat nichts geändert. Also gehe ich mal in mich, vielleicht finde ich ja dort den Schlüssel zu diesem Problem.

Ich schließe also meine Augen und vergegenwärtige mir diese Situation, während ich meine Gedanken beobachte. Jeden Tag, schimpft es in mir: Immer das gleiche Durcheinander! Wo ich ihn doch schon so oft darauf angesprochen habe! Jetzt lenke ich die Aufmerksamkeit in meinen Körper: Wie fühlt es sich im Körper an, das zu denken? Anspannung. Starke Spannung. In meinen Armen, meinem Kiefer, meinen Beinen, meinem Bauch. Mein ganzer Körper fühlt sich angespannt an. In dieser Anspannung entdecke ich – nicht Wut, sondern Entrüstung, Empörung. Ich richte meine volle Aufmerksamkeit auf dieses Gefühl. Atme es ein. Fühle es. Öffne ihm mein Herz. Diese Empörung fordert Anerkennung und Verständnis von meinem Herzen. Und Respekt. Jetzt verändert sich etwas in meinem Innern. Vorher war ich überhaupt nicht präsent, so absorbiert war ich von meinen empörten Gedanken.

Jetzt bin ich wieder da, und meine Wut und Empörung sind ebenfalls präsent. Aber sie sind kleiner als ich. Sie sind ja nur Gefühle. Gefühle, die jetzt in meinem Herzen aufgehoben sind. Mein Körper hat sich entspannt und aufgerichtet. Ich fühle mich jetzt in der Lage, mit meinem Mann über die Sache zu sprechen, ohne ihn verletzen zu wollen, und dennoch meine Wahrheit auszudrücken.
Aber damit bin ich der Sache noch nicht auf den Grund gegangen. Die Empörung hat ja ihren Grund, dahinter steckt ja etwas. Und zwar ein Schmerz. Der Schmerz ist das, was mir an der Sache so weh tut, dass ich empört reagiere. Hinter jeder negativen Emotion steckt in Wahrheit ein Schmerz. Erst wenn dieser Schmerz entdeckt, als Gefühl erkannt und gefühlt ist, fällt das Drama in sich zusammen. Untersuchen wir das am obigen Beispiel: Jetzt möchte ich tiefer hinschauen. Was steckt eigentlich hinter der ganzen Aufregung um den unordentlichen Tisch? Was macht es mit mir, dass mein Mann dauernd meine Ordnung durcheinander bringt? Wie fühle ich mich wirklich damit? Was tut mir so weh daran? Die Ungerechtigkeit! Ich finde es ungerecht, dass ich immer wieder das Chaos aufräumen muss, das er geschaffen hat. Und – jetzt tauchen Tränen auf – ich finde es ungerecht, dass er mir nicht zuhört. Dass er nicht respektiert, was ich sage. Bei dieser Erkenntnis steige ich wieder tief ins Fühlen ein. Spüre den Körper, den Atem, lerne das Gefühl kennen. Wie heißt es eigentlich? Wie fühle ich mich wirklich? Nicht gehört … Übergangen … Ignoriert … Nein, nicht geachtet. Nicht respektiert. Das ist das Gefühl. Ich konzentriere mich auf dieses Gefühl, lerne es kennen, erlebe es bewusst. Mein Herz öffnet sich ihm.

Schließlich kann ich klar erkennen, dass „nicht respektiert“ keine Tatsache ist, sondern ein Gefühl, hervorgegangen aus der Art, wie ich die Sache interpretiert habe. Tatsächlich ist es so, dass mein Mann zurzeit damit beschäftigt ist, sich Sorgen über etwas zu machen. So sehr beschäftigt, dass er es gar nicht merkt, wenn er die Papiere auf dem Tisch neu anordnet. Seine ganze Aufmerksamkeit ist darauf gerichtet, eine Lösung für sein Problem zu finden. Diese Erkenntnis lässt mich nicht nur aus meiner Empörung aufwachen und aus dem Gedanken, er respektiere mich nicht, sondern sie öffnet auch mein Herz für ihn und seine Sorgen. Und plötzlich schießt mir eine genial einfache Idee durch den Kopf: Ich biete ihm an, dass er den ganzen Tisch für sich haben kann, und richte mir einfach einen weiteren Tisch für mich selber ein. Ganz einfach! Wieso bin ich da nie drauf gekommen?

Das ist ganz anders als unsere normale Art, mit einer Emotion umzugehen. Normalerweise sind wir die Emotion, das heißt wir identifizieren uns mit ihr: „Ich bin wütend. Ich bin traurig.“ Oder wir haben sie und betrachten das wie eine Tatsache: „Ich habe Angst.“ Dabei nehmen wir das Gefühl aber nicht wahr. Wenn wir sie wahrnehmen, sagen wir nicht: „Ich bin das“ oder „Ich habe das“, sondern: „Ich fühle das.“

Ein Unterschied, der klein erscheint, aber riesengroß in seiner Auswirkung ist.

Bewusste Wahrnehmung gibt dir eine andere Perspektive

Bewusste Wahrnehmung verändert deinen Blickwinkel: Du stellst dich innerlich auf den Platz des neutralen Beobachters. Du bist nicht mehr mit deinen Gedanken und Gefühlen identifiziert, sondern du nimmst sie wahr. Dieses ganze Paket von Gedanken, Gefühlen und daraus resultierenden Verhaltensweisen, das man Ego nennt, entfällt. Da ist einfach ein Gedanke, ein Gefühl, und da bist du, der beides wahrnimmt.

Meiner Ansicht nach gibt es kein Ego. Nur eine Identifikation mit bestimmten Gedanken und Gefühlen.

Daher ist es unsinnig, das Ego zu bekämpfen oder es überwinden oder heilen zu wollen.

Bekämpft man etwas, das nicht existiert?

Anstatt deine Zeit und Energie damit zu verschwenden, frage dich in einer gegebenen Situation lieber, mit welchem Gedanken und welchem Gefühl du dich gerade identifizierst. Nimm diesen Gedanken als Gedanken und das Gefühl als Gefühl wahr. Nun bist du da, wach, präsent, stehst auf einem anderen inneren Platz als zuvor, da du mit diesem Gedanken und Gefühl identifizierst und daher „im Ego" warst.

Wenn du vor Wut um dich schlagen möchtest, nimm diese Wut wahr. Nimm den Gedanken wahr, der dich wütend macht. Nimm den Schmerz wahr, der hinter diesem Gedanken steckt. Öffne ihm dein Herz und fühle ihn.

Dann bist du nicht mehr wütend, weil du nicht mehr mit dem Gedanken identifiziert bist, der dich wütend gemacht hat. Diese Identifikation war wie eine Brille, durch die du die Situation gesehen hast. Nun hast du die Brille abgesetzt, und auf einmal kannst du Perspektiven,

Möglichkeiten, Facetten der Situation sehen, die zu bemerken die Brille dich gehindert hat. Du kannst jetzt sogar wahrnehmen, wie die anderen Beteiligten sich fühlen oder in der Situation gefühlt haben. Dein Herz ist ja offen! Das heißt, es kann fühlen und mitfühlen. Was nicht automatisch bedeutet, dass du nun lammfromm und lieb bist. Womöglich bist du jetzt zum ersten Mal in der Lage auf den Tisch zu hauen! Aber nicht, weil du außer dir bist vor Wut, sondern im Gegenteil, weil du ganz bei dir und im Vollbesitz deiner Kräfte und deiner Geistesgaben bist. In anderen Fällen wiederum wirst du feststellen, dass deine Interpretation der Situation völlig falsch war und eine Reaktion überhaupt nicht mehr nötig ist.

Um auf den Anfang dieses Buches zurückzukommen: Möchtest du frei, glücklich und erfolgreich sein oder ein besserer Mensch werden, musst du einen inneren Positionswechsel vornehmen. Werde Wahrnehmende/r! Ziehe dich auf einen ganz zentralen Posten in deinem Innern zurück, von dem aus du alles bewusst wahrnehmen kannst, ohne dich damit zu identifizieren. Sobald etwas geschieht, das dir zu schaffen macht, gib deiner Aufmerksamkeit eine andere Richtung, drehe sie um 180 Grad: Anstatt auf die Situation oder Person schaue auf dich selbst. Womit bist du gerade identifiziert? Mit welchem Gedanken? Wie fühlt sich das an? Wie fühlst du dich? Das ist die beste, schnellste und gründlichste Weise, eine Situation zu ändern, ein Problem zu überwinden oder um überhaupt ganz einfach zu verstehen, was vor sich geht.

Ohne bewusste Wahrnehmung riskierst du, einen endlosen Kampf zu kämpfen: Kampf, um deine Ziele zu erreichen, um das Erreichte zu behalten, Kampf gegen deine Gewohnheiten, Ängste, Verhaltensmuster oder gegen die Personen oder Umstände, die dich wütend oder unglücklich machen.

Nichts ist leichter,
als aus diesen Kämpfereien aufzuwachen:

Etwas passiert.

Du wirst wütend.

Du schaltest das Licht der Bewusstheit ein.

Du bemerkst wütende Gedanken.

Du richtest die Aufmerksamkeit auf deinen Körper,
darauf, wie es sich anfühlt, das zu denken.

Du spürst deinen Atem und all die Spannung in deinem Körper.

Nun fängst du an, deine Wut bewusst wahrzunehmen.

Damit beginnt das Erwachen.

WIE MAN AUS DEM DRAMA ERWACHT

Die Situation war nicht auszuhalten.

Unerträglich.

Ich kämpfte, weinte, schimpfte.

Dann richtete ich meine Aufmerksamkeit
auf mich selber und
entdeckte die Ursache des Dramas:

Nicht die Situation war es, die mich verletzte,
sondern die Art, wie ich darüber dachte.

Diese erzeugte einen Schmerz.

Als ich diesen Schmerz einlud, in mein Herz zu kommen,
und ihn endlich einmal fühlte, änderte sich alles:

Meine Sichtweise, meine Gefühle

Und letztlich sogar die Situation.

Wut hat immer einen Grund

Wie jedes andere negative Gefühl ist auch Wut nicht einfach so da, sondern hat einen Grund. Die Wut bewusst zu fühlen, ist daher nicht die Lösung des Problems, sondern nur ihr Anfang. Der Grund dieser Wut ist das tiefere Gefühl, das sich unter der Wut verbirgt und vor dem sie dich schützen möchte.

Warum bist du wütend? (Oder traurig, verzweifelt, verbittert etc.)
Weil du dich verletzt fühlst.

Was ist es, das dich verletzt, wie fühlst du dich wirklich?
Was tut dir so weh, dass du wütend wirst?

Da sind wir bei dem Grundgefühl, das ich „Schmerz" nenne. Beispielsweise fühlst du dich zurückgewiesen. Oder vernichtet. Oder als Opfer von Ungerechtigkeit. Oder verlassen, schuldig, schlecht, hässlich. Wertlos. Nicht gesehen, verachtet, nicht gehört …
Hinter jeder negativen Emotion wie Ärger, Angst, Trauer steckt etwas, das weh tut: ein seelischer Schmerz. „Negativ" nennt man eine Emotion, weil sie etwas verneint („negieren" = verneinen), weil sie sagt: „Nein, ich will das nicht, das tut weh." Das Gegenstück ist eine „positive" Emotion wie Freude, Dankbarkeit, Begeisterung: Sie sagt Ja zu etwas.
Letztlich steckt also hinter jedem Problem (wenn wir „Problem" etwas nennen, das wir so, wie es ist, nicht ertragen möchten) immer ein Schmerz, den wir zwar bereits in uns tragen – meist seit unserer Kindheit –, aber nicht haben wollen. Sobald wir aber diesen Schmerz einmal ganz bewusst fühlen, anstatt uns dagegen zu

wehren, können wir erleben, dass das gar nicht so katastrophal ist, wie wir gedacht haben. Sicher, es ist kein angenehmes Gefühl, sondern ein schmerzhaftes, aber eben nur ein Gefühl – und nicht eine Tatsache, wie wir bis dahin gedacht haben. Der Trick besteht nicht darin, die Tatsache, also die reale Situation zu leugnen, sondern ihr für einen Moment den Rücken zu drehen und sich dem Gefühl zuzuwenden. So erwacht man aus dem Drama. Es besteht ja in den allermeisten Fällen nur darin, dass man einen bestimmten Schmerz um keinen Preis fühlen möchte – weil man eben gar nicht weiß, dass es ein Gefühl ist. „Abgelehnt zu sein" erscheint dem, der mit diesem Grundschmerz identifiziert ist, wie eine Tatsache und daher völlig unerträglich. Erst wenn du dich diesem Gedanken, abgelehnt zu sein, einmal bewusst zuwendest und das damit verbundene Gefühl nicht nur entdeckst, sondern dich traust, es zu fühlen, erkennst du am Ende, dass es „nur" ein Gefühl ist und keine Eigenschaft deines Wesens, keine „Tatsache". Natürlich gab es am Ursprung dieses Gefühls ein tatsächliches Ereignis. Aber in den allermeisten Fällen liegt dieser Ursprung weit zurück in der Kindheit. Und meist war es auch nicht das Ereignis, sondern unsere Interpretation des Ereignisses, die die innere Katastrophe verursacht hat, an der wir bis heute unterschwellig leiden.

Mama ist weggegangen (Tatsache in der Vergangenheit), also muss ich schlecht sein (Gedanke und Gefühl bis in die Gegenwart).

Papa hat mich weggeschoben (Tatsache in der Vergangenheit), also bin ich unerwünscht (Gedanke und Gefühl bis in die Gegenwart).

In Wirklichkeit bin ich natürlich nicht schlecht oder unerwünscht, sondern ich fühle mich so.

Auf Überzeugungen und Grundgefühlen wie schlecht, unerwünscht, wertlos, ungeliebt und so fort basiert unsere gesamte Gedanken-

und Gefühlswelt. Diese Gedanken als Gedanken zu erkennen und die dazugehörigen Gefühle mit dem Herzen zu fühlen und somit zu erkennen, dass es keine Tatsachen sind, entzieht nach und nach den emotionalen Dramen ihre Grundlage. Wir werden wach für die Realität.

Wie man sich durch ein Problem hindurcharbeitet

Um nun nicht nur ein einzelnes Problem, sondern die ganze Problematik, die dahintersteckt, vollständig zu lösen, müssen in deiner inneren Welt drei Dinge geschehen:
Dein Körper muss von der Spannung der Emotion befreit werden.
Die Emotion muss ins Herz geholt werden.
Der Grund für die Emotion muss entfallen.
Dies ist zunächst eine rein innere Arbeit. Konzentriere dich ganz darauf und kümmere dich noch nicht um die Folgen dieser Arbeit in deiner äußeren Welt. Kümmere dich zuerst um deine Gefühle. Sind diese erkannt und adäquat versorgt, kannst du deine Aufmerksamkeit wieder auf die äußere Situation richten und beobachten, welche Veränderungen sich einstellen.
Beginnen wir mit dem Körper.

1. Der Körper muss von der Spannung der Emotion befreit werden

Unsere Gedanken und Gefühle drücken sich in unserem Körper aus. Wir sind es aber nicht gewohnt, sie wahrzunehmen. Wir schenken ihnen keine Aufmerksamkeit. Stattdessen setzen wir sie sofort in Worte oder Taten um. Oder wir unterdrücken sie.
Wir haben gelernt, Gefühle komplett zu ignorieren, in den Hintergrund zu schieben, aus unserem Herzen zu verbannen, ihnen jede

Aufmerksamkeit, Zuwendung, jeden Respekt und jedes Mitgefühl zu verweigern. Und tatsächlich ist uns das möglich. Wir können sie vollständig aus dem Lichtkegel unserer Bewusstheit verbannen und auch aus unserem fühlenden Zentrum, dem Herzen. Was wir aber nicht vermeiden können, ist, dass sie einen Abdruck in unserem Körper hinterlassen. Denn auf die Art und Weise, wie Gefühle sich in unserem Körper ausdrücken, haben wir keinen Einfluss.
Gefühle beeinflussen die Art und Weise, wie unser Blut durch unsere Adern zirkuliert, wie unser Herz schlägt, unsere Verdauung funktioniert, wie unsere Energie und unsere Körperflüssigkeiten sich durch ihre Leitbahnen bewegen und wie elektrische Impulse über die Nervenbahnen übertragen werden. Biologisch gesehen werden diese Prozesse vom autonomen Nervensystem gesteuert – das deswegen „autonom" (eigenständig) heißt, weil wir es eben nicht mit unserem Willen steuern können. (Wir könnten es schon, aber dafür müssten wir lange üben, wie hoch entwickelte Yogis oder Qi-Gong-Meister es tun.)

Gefühle drücken sich also im Körper aus, und dieser Ausdruck verbleibt so lange, bis sie bewusst gefühlt werden. Daher ist es ziemlich einfach, verdrängte Gefühle wiederzufinden: Spüre einfach in den Körper hinein! Nicht allgemein und unspezifisch, sondern während du dich mit deinem aktuellen Problem beschäftigst. Denn der Gedanke an dieses Problem ruft einen bestimmten Körperzustand wach, in dem sich eben die Gefühle ausdrücken, die sich mit diesem Problem verbinden. Eines nach dem anderen kannst du sie aus ihrem Körperversteck herausholen und dorthin bringen, wo sie hingehören: ins fühlende Herz deines Wesens. Auf diese Weise wird dein Körper von ihnen befreit und deine Energie kann wieder frei fließen.

2. Die Emotion muss ins Herz geschlossen werden

Mit „Herz“ meine ich den spirituellen Kern unseres Wesens, nicht das physische Organ. Dieser Kern unseres Wesens ist der Ort, an dem unsere innere Erfahrung stattfindet, an dem wir fühlen, uns von Ereignissen, Menschen, von der Schönheit einer Blume oder eines Sonnenuntergangs berühren lassen. Es ist zugleich der Ort, an dem wir mit unserer Seele, unserem tieferen Bestreben, unserer Sehnsucht, unserer innersten Wahrheit in Kontakt sind. Ist dein Herz verschlossen, kann nichts dich berühren. Du bist wie ein Stein, wie eine Maschine. Ist dein Herz offen, lässt du dich anrühren, berühren, du fühlst. Fühlen heißt Wahrnehmen durch Kontakt. Dieser Kontakt bewegt dich. Er lässt Emotionen (Bewegungen) entstehen. Genau das ist natürlich auch der Grund, warum wir oft unser Herz verschließen. Von manchem wollen wir eben nicht bewegt und berührt werden. Manche Gefühle erscheinen uns gefährlich. Wir fühlen uns bedroht. In Wirklichkeit kann kein Gefühl uns schaden oder uns verletzen. Aber da wir Gefühle mit Tatsachen verwechseln, erscheint es uns oft so.

Auch wenn Gefühle keine Tatsachen sind, uns daher nicht verletzen oder töten können, auch wenn sie nur die Art sind, wie wir uns aufgrund unserer Interpretation von Tatsachen fühlen, auch wenn es „nur“ Gefühle sind und wir das im Prinzip schon wissen, können sie dennoch von uns als so schlimm betrachtet werden, dass wir sie auf keinen Fall fühlen wollen. Ganz allgemein verstanden zu haben, dass Gefühle nur Gefühle sind, nützt uns nämlich nicht viel: In dem Augenblick, da wir vor einem Gefühl stehen, an das ein tiefer, alter, selbstzerstörerischer Glaubenssatz geknüpft ist, werden wir wieder vor dem Schmerz zurückschrecken wie ein Pferd vor einem zu hohen Hindernis. Die Aussage „es ist nur ein Gefühl“ wird für dich erst dann konkret und real erfahrbar, wenn du sie im Moment des schlimmen Gefühls parat hast. Dann bist du mit dieser Gewissheit so gewappnet, dass du dich traust, das Gefühl zu fühlen. Aber nicht nur vor den seelischen Schmerzen, auch vor negativen Emotionen verschließen wir unser Herz oft, weil wir das einfach in unserer Kindheit so gelernt haben. Nehmen wir Hass zum Beispiel. Früher dachte ich, Hass sei etwas, das ich nicht besäße und niemals haben würde. Ich hatte kein Verständnis dafür. Wenn also Hass auftauchte, verdrängte ich ihn blitzschnell oder redete ihn mit freundlichen Gedanken weg. Aber nachdem ich die Körperzentrierte Herzensarbeit entwickelt hatte, entdeckte ich irgendwann auch Hass in mir. Er war da, wenn Wut, Ohnmacht und Schmerz so riesengroß waren, dass ich sie nicht ertragen konnte. Also entschloss ich mich, dieses Gefühl „Hass” einmal kennenzulernen. Spürte es im Körper auf, fühlte es bewusst, merkte, dass es von meinem Herzen Verständnis, Erlaubnis und Erbarmen brauchte. Das brachte mich auf die Spur des Schmerzes, der sich hinter dem Hass verbarg. Und, ja, dieser Schmerz war in der Tat riesengroß, aber mein Bewusstsein und mein Herz waren viel größer und konnten ihn problemlos umfangen!

Die natürliche Reaktion deines Herzens auf jedes echte Gefühl – wie verpönt, wie groß, wie schlimm oder wie hässlich auch immer es sei – wird immer Verständnis, Anerkennung, Achtung und Mitgefühl sein. Das Herz kann nicht anders reagieren, denn es erkennt das Gefühl ja ganz und gar – es fühlt es.

3. Der Grund für die Emotion muss aufgelöst werden

Lass mich noch einmal Grundlegendes zusammenfassen: Jedem Problem liegt, wie schon gesagt, ein Schmerz zugrunde. Etwas tut uns weh, und daher ist die Situation für uns ein Problem. Nicht im Schmerz in sich besteht das Problem, sondern darin dass wir ihn nicht haben wollen. Weil uns nicht klar ist, dass er ein Gefühl ist. Wir verwechseln ihn mit einer Tatsache. Wir halten uns aufgrund der Situation oder des Verhaltens anderer beispielsweise für gedemütigt oder abgelehnt, so als sei das eine Eigenschaft, etwas, das uns ausmacht. An diese vermeintliche Tatsache erinnert zu werden erscheint uns unerträglich. Deshalb können wir die Situation nicht einfach so lassen, wie sie ist, und deshalb lässt sie uns keine Ruhe.

In Wirklichkeit sind wir nicht gedemütigt oder abgelehnt, wir fühlen uns so. Es ist die Identifikation, die Probleme schafft. Und die auch der Grund für die negative Emotion ist, die die Situation auslöst. Damit also der Grund für diese Emotion aufgelöst wird, muss man aus der Identifikation aufwachen. Wenn du das einmal grundsätzlich verstanden hast, ist der Rest ganz einfach.

[BEISPIEL]

Anita flippt aus

Anita flippt jedes Mal aus, wenn ihr Mann, mit dem sie eine sehr innige und liebevolle Beziehung hat, plötzlich ohne erkennbaren Grund verschlossen und abweisend wirkt. Sie erträgt das nicht und findet es auch nicht richtig von ihm, so aus heiterem Himmel den Kontakt abzubrechen, kein Lächeln mehr, kein Augenkontakt, kein Kuss, finstere Miene und so gut wie keine Kommunikation außer der lebensnotwendigen.
Es macht Anita rasend. Sie kommt überhaupt nicht mehr an ihn heran und das hält sie nicht aus.
Als sie sich hinsetzt, um es anzuschauen, bemerkt sie als erstes eine große Unruhe in ihrem Körper und entdeckt darin das Gefühl von Unerträglichkeit – sie glaubt, das Gefühl nicht aushalten zu können. Es braucht Verständnis, Raum und als Gefühl statt als Tatsache wahrgenommen zu werden. Jetzt beruhigt sie sich ein wenig. Anita fragt sich, welches Gefühl es denn ist, das sie nicht aushalten kann. Um dieses Gefühl zu finden, stellt sie sich wieder die Situation vor. Es taucht eine Welle von Schmerz auf, begleitet von heftigem Weinen. Anita lässt sich nicht von der Welle mitnehmen, sondern betrachtet sie, fühlt sie ganz bewusst. Es sind Konvulsionen im ganzen Körper. Sie erlebt diese Konvulsionen, dieses Weinen, diese Schmerzwellen bewusst, und es dauert eine ganze Weile, bis sie erkennt, welcher Schmerz da eigentlich mit solcher Gewalt in ihr Bewusstsein hereinbricht. Es ist das Gefühl, abgeschnitten zu sein. Nachdem sie hierfür ihr Herz geöffnet hat, erkennt sie, dass dies das Gefühl war, das sie als kleines Kind hatte, wenn ihre Mutter sich in ihrer Depression einschloss und innerlich

für sie nicht mehr erreichbar war, obwohl sie sich äußerlich um sie kümmerte. Anita wird klar, dass das Gefühl, abgeschnitten zu sein, in ihrer Paarbeziehung nichts zu suchen hat. Das Verhalten ihres Mannes hat ihr dieses schmerzliche Gefühl aus ihrer Kindheit ins Bewusstsein gebracht. Aufgewacht aus der Identifikation mit diesem „Abgeschnittensein", kann Anita die Ausgangssituation nun mit ganz anderen Augen sehen. Auf einmal hat sie Zugang zum Herzen ihres Mannes und kann fühlen, wie es ihm geht: dass er absorbiert ist von sorgenvollen Gedanken an ein Problem, das er zu lösen versucht, weswegen er sich in sich selbst zurückgezogen hat.

In den darauffolgenden Wochen merkt Anita, dass sie überhaupt viel wacher für die Gefühle und Anliegen anderer geworden ist. Ihr war gar nicht klar gewesen, in welchem Ausmaß sie sich selber durch ihre Grundüberzeugung, abgeschnitten zu sein, von echten Kontakten abgeschnitten hatte!

PRAXIS

Teil 2

...und manchmal
weiß das Herz
mehr als der Kopf

EIN ERSTER ÜBERBLICK ÜBER DIE SCHRITTE DER ÜBUNG

Ich sitze still.

Ich spüre meinen Atem, meinen Körper.

Ich beobachte meine Gedanken:
Um welches Thema kreisen sie gerade?

Wie reagiert mein Körper auf diese Gedanken?

Welche Emotion drückt sich in dieser Körperreaktion aus?

Was braucht diese Emotion von mir?

Ich sitze still und beobachte.

Spüre meinen Atem, meinen Körper.

Der Praxisteil führt Schritt für Schritt in die Methode ein. Bitte lies dir den ganzen Text durch, bevor du konkret in die Übung einsteigst! Für jeden Schritt erläutere ich zunächst Sinn und Vorgehensweise, bevor ich ihn konkret anleite.

Part I

- Vorstellen der einzelnen Übungsschritte
  (Das ist noch nicht die Übungsanleitung!)
- Erläuterungen zu den einzelnen Schritten,
  die du unbedingt lesen sollst,
  bevor du mit der Praxis anfängst
- Die konkrete Übungsanleitung Schritt für Schritt
- Ein Beispiel zur Illustration
- Zwei Kurz-Übersichten, die du dir parat legen kannst

Vorstellen der einzelnen Übungsschritte.

Du möchtest einem Problem auf den Grund gehen, um es zu klären und zu lösen. Das, was die Situation für dich zum Problem macht, ist die Art, wie du dich damit fühlst, aber nicht fühlen möchtest. Um das Problem zu lösen, musst du daher …

- … dir der Gefühle bewusst werden, von denen du in dieser Sache unbewusst beherrscht wirst. Du entdeckst sie, indem du beobachtest, wie dein Körper auf deine Gedanken reagiert.
- … aufhören, dich mit ihnen zu identifizieren und anfangen, sie bewusst wahrzunehmen. Dies tust du, indem du dich in deine Körperreaktion hineinversetzt und sie aufmerksam erlebst und das Gefühl entdeckst, das sich darin zeigt.
- … diese Gefühle mit deinem Herzen fühlen. Damit das geschehen kann, müssen die Riegel entfernt werden, mit denen du die Tür deines Herzens einst vor ihnen verschlossen hast. Diese entfernen sich von selber, sobald du den richtigen „Herzensschlüssel“ ansprichst. Er bezeichnet das, was das Gefühl, um vollständig wahrgenommen zu werden, von dir braucht, aber nie bekommen hat.

- Schließlich musst du in der Lage sein, die gleiche Situation wieder zu erleben, ohne wieder in die Identifikation mit diesem Gefühl zurückzufallen, mit anderen Worten: als neuer Mensch, mit einer anderen Haltung, oder einer anderen Sichtweise oder anderen Handlungsmöglichkeiten. Ob diese Veränderung stattgefunden hat, prüfst du, indem du dir am Schluss der Übung dieselbe Situation wieder vorstellst.

- Eventuell musst du einige der Gefühle, die du auf diese Weise entdeckst, dorthin zurückgeben, wo sie hingehören: zu der Person, von der du sie übernommen hast.

Die Technik ist einfach:

Du lenkst deine Aufmerksamkeit

1. erst auf die Bilder und Gedanken zu deiner Situation,
2. dann auf deine Körperreaktion,
3. auf die Emotion, die du darin entdeckst,
4. auf die Art, wie diese Emotion auf die Herzensschlüssel reagiert, die du ihr vorschlagen wirst,
   (wir kommen gleich darauf, welche das sind)
5. und schließlich wieder auf die Situation.

Konkret gesagt:

Du denkst an dein Problem, fühlst in den Körperzustand hinein, der sich dabei einstellt, entdeckst das darin verborgene Gefühl und bietest ihm die Herzensschlüssel an. Anschließend denkst du wieder an dein Problem und beobachtest, was sich verändert hat. Diesen Weg „Thema – Körper – Emotion – Herz – Thema" gehst du wieder und wieder, bis du durch das Thema „hindurch" bist.

Dies ist dann der Fall,

- … wenn du den Grundschmerz, der hinter dem Problem steckt, entdeckt hast und aus der Identifikation mit ihm aufgewacht bist;
- … wenn dein Körper keine besonderen Symptome mehr meldet, während du an das Problem denkst;
- … wenn die Situation keine Emotionen mehr in dir auslöst, mit denen du identifiziert bist;
- … wenn du eine neue Perspektive, mehr Abstand, eine andere Haltung, neue Handlungsmöglichkeiten entdeckt hast;
- … wenn die Situation für dich kein Problem mehr darstellt.

Bevor du dich ans Üben machst, lies bitte die folgenden Erklärungen zu den einzelnen Schritten durch.

ERKLÄRUNGEN ZU DEN EINZELNEN SCHRITTEN DER ÜBUNG

Der Einstieg

[Thema und Ausgangssituation wählen]

Im Allgemeinen wirst du dich deshalb zum Üben hinsetzen, weil es einen Anlass dafür gibt. Etwas ist passiert, das dich ärgert, stört, irritiert, in Verzweiflung stürzt, ängstigt oder sonst wie beschäftigt oder etwas liegt vor dir, das du fürchtest oder auf das du dich gut vorbereiten möchtest. Wenn du dich nun hinsetzt zum Üben, musst du das Thema, um das es gehen soll, nicht suchen, es ist schon da.

Sollte einmal kein Thema greifbar sein, du möchtest aber trotzdem Körperzentrierte Herzensarbeit üben oder einfach ein wenig Seelenpflege betreiben – eine exzellente Idee, das jeden Morgen zu tun! –, dann such dir ein Thema. Denk einfach an deine gegenwärtigen Lebenszusammenhänge, deine Vergangenheit, deine Zukunft – es wird immer etwas auftauchen, das einmal näher angeschaut werden möchte. Du kannst dir auch vorstellen, dass eine Zauberfee zu dir sagt: „Ich kann eines deiner Probleme für dich lösen."

Du wählst also dein Thema. Wenn ein körperliches Symptom, zum Beispiel ein starker Schmerz, gerade im Vordergrund steht, dann ist eben das dein Thema.

Die Ausgangssituation

Wenn du von einem Körpersymptom ausgehst, ist das deine Ausgangssituation. Gehst du aber – das ist für den Anfang übrigens leichter – von einem Thema aus, das dich gedanklich-emotional beschäftigt, dann konkretisiere das Thema. Vergegenwärtige es dir. Stelle dir die Situation deutlich vor. Beschreibe sie dir nicht nur abstrakt und allgemein, wie etwa „Frauen verhalten sich immer so ablehnend zu mir", sondern erinnere dich an einen bestimmten Moment, in dem du das erlebt hast. Wenn dein Thema darin besteht, dass du „immer" auf eine bestimmte Weise reagierst oder das immer wieder geschieht, dann bleib nicht bei diesem „immer", sondern fokussiere deine Aufmerksamkeit auf eine bestimmte Situation, in der das so war. Damit hast du deine Ausgangssituation. Mit dieser beginnst du und endest du eine Sitzung.

Den Körperzustand wahrnehmen

Jede Emotion drückt sich körperlich aus. Wenn eine Emotion bewusst gefühlt wird, verschwindet der dazugehörige Körperzustand hinterher. Wird sie jedoch immer wieder unterdrückt, sobald sie auftaucht, so bleibt dieser Körperzustand erhalten, und damit wird der Energiefluss in diesem Teil des Körpers blockiert. Etwas, was eigentlich eine Bewegung ist („Emotion" enthält „Motion"), erstarrt. Das Gute daran ist, dass eben genau dadurch Gefühle, die man aus Herz und Bewusstsein verdrängt hat, im Körper wiederentdeckt werden können, und zwar auf sehr einfache Weise.

Wenn du an die Situation denkst, die dir zu schaffen macht, werden alle Gefühle, die du mit dieser Situation unbewusst verbindest, in deinem Körper aktiviert. Die meisten von ihnen sind früher, in deiner Kindheit, entstanden, und gehören nicht wirklich zu dieser Situation, wie du nachher sehen wirst. Sie werden von der Situation

nicht verursacht, sondern nur ausgelöst. Sie sind in deinem Körper gespeichert und melden sich nun dort als Symptom, als besonderer Körperzustand. Vielleicht ziehen sich deine Schultern hoch und in deinem Magen macht sich ein aufgeregtes Gefühl breit, während dir zugleich übel wird.
Im Hochziehen der Schultern verbirgt sich möglicherweise eine Angst, die dir nicht bewusst ist, in dem Zittern und Vibrieren im Magen steckt ein Gefühl von ängstlicher Aufregung und in der Übelkeit vielleicht eine Abscheu.

Die Emotion entdecken

Wenn du dich nun mit ganzer Aufmerksamkeit in diesen besonderen Körperzustand hineinbegibst und ihn bewusst und aufmerksam erlebst, wirst du die Emotion entdecken können, die sich darin ausdrückt oder dahinter verbirgt. Dieser Schritt der Übung – das Gefühl im Körperzustand entdecken – enthält eigentlich zwei Teile: erstens das Gefühl zu erkennen und zu benennen („das ist Angst“) und es zweitens zu fühlen. Das bedeutet: Du spürst deinen Atem und konzentrierst dich darauf, dieses Gefühl einmal ganz bewusst zu erleben, zu erforschen, kennenzulernen.

Dein Herz öffnen für die Emotion: Die Herzensschlüssel durchprobieren

Wenn dein Herz offen ist, fühlst du. Wenn es verschlossen ist, fühlst du nicht. Wie wir alle hast du mit Sicherheit dein Herz vor einer ganzen Reihe von Gefühlen verschlossen. So hast du vielleicht beispielsweise eine bestimmte Sehnsucht in dir unterdrückt, weil du ihre Erfüllung für unmöglich hältst, oder du gibst deiner Lebensfreude keinen Raum, weil du unbewusst annimmst, dass du dich dann schuldig machst. Das Gefühl von Hass verbietest du dir womöglich, Angst unterdrückst du, weil man in deiner Familie kein Verständnis für Angsthasen hatte und du diese Haltung übernommen hast, und so fort.

Die Art, wie du ein Gefühl unterdrückst, wirkt wie ein Riegel, der das Herz vor diesem Gefühl verschließt. Wenn das Herz sich wieder öffnen soll, muss dieser Riegel entfernt werden. Dazu dienen die „Herzensschlüssel“. Jeder Herzensschlüssel bezeichnet das Gegenteil von dem, womit du das Gefühl aus deinem Herzen ausgesperrt hast. Darüber brauchst du aber im Einzelfall nicht nachzudenken, vielmehr probierst du einfach alle Herzensschlüssel durch, wenn du ein Gefühl entdeckt hast. Dabei achtest du darauf, auf welchen oder welche es reagiert. Die Angst, im obigen Beispiel, wird vielleicht auf den Herzensschlüssel „Verständnis“ reagieren, der Hass auf „Erlaubnis“ oder „von Verurteilung befreit werden“, ebenso die Lebensfreude, die außerdem auf „Raum“ und „als Gefühl wahrgenommen werden statt als Tatsache“ und vielleicht auf „Erbarmen“ reagieren wird, und die Sehnsucht schließlich wird auf „es für möglich halten“ reagieren.

Die Öffnung des Herzens ist etwas, das von selber geschieht, sobald der richtige Herzensschlüssel ausgesprochen oder gedacht wird. Dazu fragst du dich, was dieses Gefühl von deinem Herzen braucht, und schlägst dann die Herzensschlüssel vor.

[Wahrgenommen werden]

[Anerkennung]

[Verständnis]

[Erlaubnis]

[Mitgefühl]

[Erbarmen]

[Achtung]

[Raum]

[Gefühlt werden]

[Als Gefühl statt als Tatsache wahrgenommen werden]

DIE 10 HERZENSSCHLÜSSEL

Zu einigen Schlüsseln gibt es Varianten. Bei den Herzensschlüsseln ist es wichtig, die genaue Formulierung zu finden, auf die das betreffende Gefühl reagiert. Beispielsweise braucht ein Gefühl theoretisch vielleicht „Erlaubnis", aber tatsächlich reagiert es mehr auf die Formulierung „da sein dürfen" oder „von Verurteilung befreit werden". Hier ist die Liste der 10 Hauptschlüssel, ergänzt um Varianten.

Das Gefühl braucht von deinem Herzen:

- *Wahrgenommen werden, gesehen werden*
- *Anerkennung, dass es existiert, anstatt ignoriert oder geleugnet zu werden*
- *Verständnis, Daseinsberechtigung*
  [die Anerkennung, dass es einen guten Grund hat, da zu sein]
- *Erlaubnis, da sein zu dürfen, Rehabilitation*
  [von Verurteilung befreit werden]
- *Mitgefühl*
- *Erbarmen, sich darum kümmern, es nicht allein lassen*
- *Achtung, Respekt, Würdigung, Beachtung*
- *Raum, sich ausbreiten dürfen, in seiner Größe wahrgenommen werden*
- *Gefühlt werden*
  [mit allen Fasern gefühlt werden]
- *Als Gefühl statt als Tatsache wahrgenommen werden*

Zurück zum Thema und in die Ausgangssituation

Am Anfang warst du, ohne es zu wissen, mit einem Gefühl identifiziert, das deine Sichtweise und deine Haltung in der Ausgangssituation beeinflusst hat. Nun hast du dieses Gefühl entdeckt, deinen Körper davon befreit, dein Herz dafür geöffnet, und das Ergebnis ist in aller Regel, dass du die gleiche oder eine ähnliche Situation nun anders erleben wirst. Diese Veränderung kannst du dir gleich in der „Trockenübung" anschauen: Indem du dich geistig in deine Ausgangssituation hineinversetzt und beobachtest, was sich verändert, wenn du nun das neu entdeckte Gefühl – anders als vorher – weder ausagierst noch unterdrückst oder überspielst, sondern ganz bewusst da sein lässt. Zu beobachten, wie du nun diese Situation erlebst, wie du sie siehst, wie du dich verhältst, wie deine Körperhaltung ist – das wird dir helfen, nachher im „richtigen Leben" sofort auf das Gefühl aufmerksam zu werden, wenn es wieder auftaucht. Es wird dir möglich sein, es gleich bewusst wahrzunehmen, statt dich wieder unbewusst damit zu identifizieren und in das alte Reaktionsmuster zu fallen.

Fremdgefühle als solche erkennen und zurückgeben

Hier kommt noch ein ganz wichtiger Punkt: Nicht alle Gefühle, die wir in uns tragen, gehören uns wirklich. Viele haben wir von anderen übernommen und identifizieren uns unbewusst damit. Das eine oder andere der Gefühle, die du im Verlaufe der Übung entdecken wirst, gehört daher gar nicht in dein Herz, sondern in das eines anderen. Wie stellt man das fest und wie wird man es los?
Das Wichtigste ist, dass du diese Information in dich aufnimmst, so seltsam sie vielleicht erstmal klingen mag. Dann wird sie dir nämlich im richtigen Moment einfallen. Während du gerade ein Gefühl entdeckst, taucht in dir die Frage auf: „Ist das eigentlich mein eigenes Gefühl?" Oder die Ahnung: „Dieses Gefühl ist eigentlich gar nicht meines, es gehört meiner Mutter, die hat sich immer so gefühlt!" Diese Frage oder Intuition kann sich gleich am Anfang melden, während du anfängst, das betreffende Gefühl wahrzunehmen, wenn du merkst, dass die Herzensschlüssel nicht so richtig wirken, oder beim letzten Schritt, wenn du wieder in die Ausgangssituation gehst und feststellst, dass du alles noch genauso erlebst. Sobald der Verdacht auftaucht, dass dieses Gefühl vielleicht gar nicht zu dir gehört oder von Person X übernommen wurde, nimm diesen Verdacht ernst. Frag dich nicht, ob er zutreffend ist oder nicht, schiebe ihn weder zur Seite noch nimm ihn als Wahrheit, sondern prüfe einfach, ob er zutrifft oder nicht. Und so überprüfst du das: Stell dir einfach vor, das betreffende Gefühl an jene Person zurückzugeben, und beobachte, was dabei in deinem inneren Bild geschieht. Manchmal nimmt sie es sofort, manchmal will sie es nicht haben. Du fühlst aber trotzdem, dass es ihr gehört, und kannst es ihr einfach vor die Füße legen.

Manchmal merkst du, dass du dich geirrt hast. Die falsche Person? Oder doch dein eigenes Gefühl? Stell dir zur Sicherheit auch alle Personen vor, die mit deinem Problem zu tun haben, und alle wichtigen Bezugspersonen aus deiner Kindheit sowie eine Gestalt, die „Unbekannt“ repräsentiert. Biete allen das Gefühl an und beobachte, was dabei in deinem inneren Bild geschieht. Wichtig ist nicht so sehr, ob es eine Person nimmt oder nicht, sondern wie du dich hinterher fühlst. Erleichtert? Befreit? Ganz oder nur ein wenig? Oder schuldig, schlecht, traurig …?

Nun lasst uns beginnen. Lies dir bitte auch diese Übungsanleitung erst komplett durch, bevor du in die Übung einsteigst! Wenn du sie verstanden und verinnerlicht hast, kannst du die Augen schließen und mit deiner Übung beginnen, ohne dadurch abgelenkt zu werden, dass du den nächsten Schritt nachlesen musst! Ich habe dir aber zwei Spickzettel gemacht, die du notfalls während der Übung nutzen kannst: einen mit den Übungsschritten, einen mit den Herzensschlüsseln. (Siehe Seite 64)

Ausführliche Übungsanleitung

Vorbereitung

Sorge dafür, dass du für die nächste halbe Stunde nicht gestört wirst.

Setze dich aufrecht und bequem hin. Schließe die Augen.

Mache dir bewusst, um was es jetzt geht:
Du möchtest dir der Gefühle gewahr werden, die hinter deinem aktuellen Problem stecken, und dein Herz für sie öffnen. Um diese Gefühle entdecken zu können, musst du dir zuerst die Tatsachen vergegenwärtigen. Mach dir jedoch klar, dass es nicht darum geht, die Tatsachen anzuschauen, sondern die Gefühle.

Schalte bewusste Wahrnehmung ein: Nimm deinen Atem bewusst wahr, spüre deinen Körper, nimm die Sinneseindrücke bewusst wahr.

Thema und Ausgangssituation wählen

Wähle nun das Problem, das du anschauen möchtest.
Lasse es in deinem Geist lebendig werden.
Sobald es in deinem Geist präsent ist, stoppe den inneren Film.

Den Körperzustand kennenlernen

Lenke die Aufmerksamkeit in deinen Körper. Spüre deinen Atem. Dirigiere die Aufmerksamkeit durch deinen ganzen Körper, vom Scheitel bis zur Sohle, und achte darauf, wo dir etwas Besonderes auffällt.

Zum Beispiel ein Brennen, ein Zittern, ein Schmerz, eine Anspannung, ein Zusammenziehen, eine Taubheit, Schlaffheit, Härte, Hitze, Kälte …
Dort, wo dir etwas Besonderes auffällt, verweile. Nimm dir vor, diesen besonderen Körperzustand kennenzulernen. Versetze dich ganz in diesen Teil deines Körpers hinein, spüre deinen Atem, ohne ihn zu verändern, und erlebe den Körperzustand bewusst.

Die Emotion entdecken

Achte darauf, wie du dich darin fühlst. Welche Emotion taucht da auf? Welches Gefühl drückt sich durch diesen Körperzustand aus und möchte auf sich aufmerksam machen? Denke nicht darüber nach, sondern achte darauf, wie du dich fühlst, während du mit deiner Aufmerksamkeit ganz im Erleben dieses besonderen Körperzustandes bist.

Vielleicht erkennst du das Gefühl sofort und hast auch sofort einen Namen dafür. Angst, Trauer, Wut …

Vielleicht musst du es erst eine Weile bewusst fühlen, während das Bild der Situation noch vor deinem inneren Auge ist, um den Namen zu finden. Wenn das schwierig ist, gib ihm einen Namen, der das Gefühl ungefähr beschreibt: „Ich fühle mich wie jemand, der einen auf den Deckel bekommen hat“ oder „Ich fühle mich wie ein Versager“.
Nachdem du es entdeckt, erkannt, benannt hast, verweile noch bei diesem Gefühl. Es war schon lange da, und jetzt hast du es endlich entdeckt – nimm dir Zeit, um es einmal bewusst zu fühlen! Spüre deinen Atem und sage dir: „Dieses Gefühl möchte ich jetzt einmal bewusst erleben.“

Dem Gefühl dein Herz öffnen

Frage dich, was dieses Gefühl von deinem Herzen braucht. Schlage als Antwort auf die Frage, was dieses Gefühl (Gefühl benennen) von deinem Herzen braucht, folgende Herzensschlüssel vor:

- Wahrgenommen werden oder gesehen werden
- Anerkennung (dass es existiert)
- Verständnis (Daseinsberechtigung)
- Erlaubnis (da sein dürfen, Rehabilitation/ von Verurteilung befreit)
- Mitgefühl
- Erbarmen (sich darum kümmern, bei ihm sein)
- Achtung (Respekt, Beachtung, nicht übergangen werden)
- Raum (sich in deiner Wahrnehmung ausbreiten dürfen in seiner Größe wahrgenommen werden)
- Gefühlt werden (mit allen Fasern)
- Als Gefühl wahrgenommen werden statt als Tatsache

Wie du die Herzensschlüssel ausprobierst

Spüre deinen Atem, fühle das Gefühl bewusst, benenne es, frage dich, was dieses Gefühl von dir braucht und bisher nie bekommen hat, und sprich in Gedanken oder laut die Schlüsselworte aus. Achte auf die Reaktion: Gibt es einen Eindruck von Zustimmung, Erleichterung oder Erschütterung, dann war der Herzensschlüssel ein „Treffer". Der Riegel, oder ein Riegel zumindest, der das Herz vor diesem Gefühl verschlossen hatte, ist abgesprungen.

Möglicherweise ist das Herz aber mit mehreren Riegeln vor diesem Gefühl verschlossen, probiere daher alle Schlüssel und auch ihre Varianten oder andere Formulierungen wie die in Klammern gesetzten aus.
Probiere alle Schlüssel am Schlüsselbund noch ein zweites Mal durch, denn es kommt vor, dass ein Herzensschlüssel zwar gebraucht wird, aber erst nachdem ein bestimmter anderer gegriffen hat. Beispielsweise spricht „Erbarmen" beim ersten Durchgang nicht an. Nachdem das Gefühl aber „Achtung" bekommen hat, kann es – wie du beim zweiten Durchgang merkst – auch „Erbarmen" brauchen.
In diesem Schritt geht es nicht darum, deinem Gefühl aktiv Erbarmen, Verständnis, Achtung etc. zu geben, sondern durch bewusstes Fühlen und das Denken oder Aussprechen der Schlüsselworte festzustellen, was es braucht. Das Herz geht von selber auf, wenn der richtige Schlüssel angesprochen wird. Du erkennst diese Öffnung an der Reaktion.
Nun hast du dein Herz für dieses Gefühl geöffnet und hast ein anderes Verhältnis zu diesem Gefühl. Vorher hat es dich eingenommen, beherrscht, du warst in ihm verschwunden – nun bist du da und nimmst das Gefühl wahr, in deinem Herzen. Kleiner als du. Es ist immer noch da, aber du bist auch da. Jetzt kannst du mit ungetrübtem Blick auf die Situation schauen.

Zurück zu Thema und Ausgangssituation

Letzter Schritt daher: Denke wieder an die Ausgangssituation. Versetze dich erneut in sie hinein – dieselbe Situation, die du zum Ausgang dieser Reise gewählt hast. Jetzt aber, anders als vorher, nimmst du dieses Gefühl bewusst wahr. Weder verdrängst du es,

noch überspielst du es, noch drückst du es aus – du nimmst es einfach in derselben Situation bewusst wahr.
Was hat sich verändert? Deine Sichtweise? Deine Haltung? Dein Körpergefühl? Wie würdest du nun handeln?
Präge dir den Namen des Gefühls, das du entdeckt und ins Herz geholt hast, bewusst ein und nimm dir vor, in Zukunft auf dieses Gefühl zu achten, wenn es wieder einmal ausgelöst wird.
Aber Achtung: Manchmal tut sich gar nichts oder wenig. Entweder merkst du das bereits bei den Herzensschlüsseln – keiner greift so richtig –, manchmal beim letzten Schritt, dem Betrachten der Situation.

In diesem Fall gibt es zwei Möglichkeiten:

a) Du hast das Gefühl gar nicht bewusst wahrgenommen, sondern bist damit noch identifiziert. Die Lösung: Lass deine Aufmerksamkeit eine 180-Grad-Wendung vollziehen. Wende sie ab von der äußeren Situation und richte sie auf dich selber, auf deinen Körperzustand, dein Gefühl. Sage dir noch einmal ganz bewusst, dass es jetzt nicht darum geht, die Situation anzuschauen, sondern das Gefühl. Kehre der Situation ganz bewusst den Rücken. Du kannst sie ja später wieder anschauen.

b) Es ist ein Fremdgefühl: Das Gefühl, für das du versucht hast, dein Herz zu öffnen, gehört gar nicht in dein Herz, da es jemand anderem gehört. Du hast es entweder von einer Person aufgeschnappt, der du kürzlich begegnet bist, oder von einer, die mit deinem Problem zu tun hat, oder trägst es schon seit langem in dir, da du es von Vater, Mutter oder sonstigen Angehörigen als Kind schon

übernommen hast. Die Lösung: Frage dich, wem dieses Gefühl gehört, von wem du es übernommen haben könntest. Arbeite mit den Bildern oder Namen, die auftauchen, anstatt an deiner Intuition zu zweifeln. Stell dir diese Person oder Personen vor und gib ihr oder ihnen das Gefühl zurück: Visualisiere diese Rückgabe so, als sei das Gefühl ein Objekt. Sage sinngemäß: „Ich habe hier diese Wut und ich habe den Eindruck, dass ich sie von dir übernommen habe. Ich gebe sie dir zurück." Beobachte, was in deinem inneren Film geschieht. Manchmal klappt diese Rückgabe problemlos, und du fühlst dich hinterher erleichtert oder befreit. Manchmal gibt es ein Gefühl, das dich daran hindert, das Gefühl zurückzugeben.
Um dieses Gefühl kümmerst du dich dann wieder mit Körperzentrierter Herzensarbeit:

Wo sitzt es im Körper, wie fühlt es sich an, was braucht es von deinem Herzen? Oder musst du womöglich auch dieses Gefühl noch an dieselbe Person zurückgeben?

Nach erfolgter Rückgabe versetze dich in die Ausgangssituation. Beobachte, wie sie sich jetzt in deinem Geist entwickelt. Wie verhältst du dich, wie siehst du die Situation, was hat sich verändert?

Falls dabei ein neues, gutes Gefühl auftaucht, nimm auch dieses positive Gefühl bewusst wahr und öffne dein Herz dafür. Merke es dir, notiere es dir, und nimm dir vor, dich oft an dieses Gefühl zu erinnern.

Atme dann einmal tief ein und seufzend aus. Öffne die Augen.

Notiere dir in Stichworten die Ausgangssituation und den Namen des Gefühls, das du ins Herz geholt und/oder zurückgegeben hast.

Nochmal der Ablauf zum vorbereitenden Durchlesen in Kurzform:

Licht einschalten:
Du schaltest bewusste Wahrnehmung ein.

Thema wählen:
Du vergegenwärtigst dir das Problem, das du anschauen möchtest.

Körper spüren:
Du lernst den Körperzustand kennen, der sich dazu einstellt, und erlebst ihn bewusst.

Gefühl entdecken:
Du entdeckst das oder ein Gefühl darin und fühlst es bewusst.

Herz öffnen:
Du probierst die Herzensschlüssel durch und stellst fest, auf welches Wort oder welche Worte hin dein Herz sich diesem Gefühl öffnet.

Fremdgefühl (optional):
Du fragst dich, von wem du dieses Gefühl übernommen hast, und gibst es an die Person oder Personen zurück, die dabei auftauchen.

Zurück zum Thema:
Du gehst wieder in die Ausgangssituation und beobachtest, was sich verändert hat.

Abschluss:
Du prägst dir das Gefühl ein und nimmst dir vor, auf es zu achten, wenn es wieder einmal ausgelöst wird.

[BEISPIEL]

Herzensarbeit mit Gefühlsrückgabe

Zur Illustration lies dir noch dieses Beispiel durch:
Carlos ärgert sich über Paul, seinen Kollegen im Büro. Wann immer Carlos mit einem seiner Erfolge glänzen möchte, schiebt sich Paul mit einer eigenen Geschichte in den Vordergrund. Bei der Herzensarbeit bemerkt Carlos Anspannung in der Magengegend und darin entdeckt er Ärger. Er probiert alle Herzensschlüssel durch; manche erscheinen ihm passend, aber berühren ihn nicht wirklich. Da taucht der Gedanke auf, dass er den Ärger von seinem Kollegen aufgeschnappt haben könnte. Im Geist gibt er Paul den Ärger zurück. Daraufhin gleitet das Gefühl regelrecht von ihm ab und stattdessen entsteht Verständnis in seinem Herzen. Carlos versteht, dass Paul sich jedes Mal, wenn Carlos mit einer bestimmten Leistung angegeben hat, geärgert hat weil er eifersüchtig war.

Spickzettel für dich - Übungsabläufe in Kurzform

Hier findest du die beiden Übersichten, die du zum Üben brauchen wirst.

Die Schritte der Übung

Thema und Ausgangssituation wählen.

Körperzustand kennenlernen.

Gefühl entdecken, benennen, fühlen.

Herzensschlüssel durchprobieren und auf Reaktion achten.

Zurück in die Ausgangssituation: Veränderung beobachten.

(bei Verdacht: Fremdgefühl prüfen/zurückgeben)

Spickzettel I

Spickzettel 2

Die 10 Herzensschlüssel (und Varianten)
[Was braucht dieses Gefühl von deinem Herzen?]

Wahrgenommen werden (gesehen werden)

Anerkennung

Verständnis (Daseinsberechtigung)

Erlaubnis (da sein dürfen, von Verurteilung befreit werden)

Mitgefühl

Erbarmen (sich darum kümmern, bei ihm sein)

Achtung (Respekt, Würdigung, Beachtung)

Raum (sich ausbreiten dürfen, in seiner Größe gesehen werden)

Gefühlt werden (mit allen Fasern gefühlt werden)

Als Gefühl wahrgenommen werden statt als Tatsache.

Zusätzlicher Schlüssel nur für das Gefühl von SEHNSUCHT:
Es für möglich halten
(vom Gedanken der Unmöglichkeit befreit werden)

Zusätzlicher Schlüssel für positive Gefühle:
Pflege (oft und viel fühlen, sich erinnern)

WIE GEHT ES DANACH WEITER?

Nun hast du die Grundübung der Körperzentrierten Herzensarbeit kennengelernt und einen ersten Schritt auf dem Weg zur Lösung deines Problems getan.

Bereits dieser erste Schritt – sich des Gefühls bewusst werden, das ganz an der Oberfläche sitzt – kann eine Veränderung nach sich ziehen. Dann nämlich, wenn du nun in der betreffenden oder einer ähnlichen Situation auf dieses Gefühl aufmerksam wirst. Beobachte einfach interessiert und neugierig, wie die Situation sich entwickelt, wenn du mit diesem Gefühl nicht mehr identifiziert bist, sondern es bewusst wahrnimmst!

[BEISPIEL]

Ich habe Angst vor meinem Vermieter

Ich soll ein Gespräch mit meinem Vermieter haben. Ich habe Angst davor. Der Mann wirkt immer so einschüchternd auf mich. Ich schließe meine Augen, wende mich der Angst zu und öffne ihr mein Herz. Danach erscheint mir der Mann überhaupt nicht mehr so groß und furchterregend. Bei unserem tatsächlichen Gespräch erlebe ich ihn zum ersten Mal als freundlich.

Wie kommst du nun an den Schmerz, der hinter dem Problem steckt?

Bisher hast du eine Emotion im Körper entdeckt und ins Herz geholt. Ein Problem setzt sich natürlich aus mehr als einer Emotion zusammen, meist sind es eine ganze Reihe von Gefühlen, die damit verbunden sind, und irgendwo unter diesen Emotionen verbirgt sich das, was an der ganzen Sache weh tut: der Schmerz. Wie kommst du an diesen Schmerz? Grundsätzlich gibt es zwei Wege dorthin.

Weg 1

Schritt für Schritt

Du wiederholst einfach wieder und wieder den Ablauf, ausgehend von deiner Ausgangssituation: in den Körper spüren, ein Gefühl entdecken, prüfen, was es vom Herzen braucht. Irgendwann wird der Schmerz auftauchen, um den es geht.

[BEISPIEL]

Jenny wird verlassen

Jenny ist verzweifelt. Ihr Freund hat sie verlassen. Sie macht Körperzentrierte Herzensarbeit mit dieser Ausgangssituation.
Im Hals spürt sie die Verzweiflung, der sie ihr Herz öffnet (Erbarmen, Anerkennung, Erlaubnis, Verständnis, und der wichtigste Schlüssel, der eine Veränderung bringt: als Gefühl erkannt werden).
Danach tauchen noch Wut auf, Ohnmacht, Trauer, und schließlich das schmerzhafte Gefühl. Jenny braucht eine Weile, bis sie erkennt, was so schlimm ist: Ist es der Verlust oder das Verlassen-Sein? Schließlich merkt sie, dass sie sich vor allem verlassen fühlt. Es fällt ihr erst schwer, den Herzensschlüssel „es will als Gefühl erkannt werden" anzuwenden – es ist doch eine Tatsache! Aber dann erinnert sie sich daran, dass es beides gibt: eine Tatsache dort draußen und ein Gefühl hier drinnen. Und dieses Gefühl hier drinnen, sagt sie sich, ist ein Gefühl und möchte auch als solches wahrgenommen werden und ins Herz dürfen.
Und gefühlt werden.

Das hilft.

Jenny merkt, dass das Gefühl schon immer in ihr war, seit sie ein ganz kleines Kind war und ihre Mutter gestorben ist. Nur hat sie es damals nicht fühlen können, es war alles viel zu schlimm und niemand war damals mit einem offenen Herzen für sie da, um ihr zu helfen, es fühlen zu können. So hat sie ihr Herz davor verschlossen. Sie erkennt, dass die neue Situation mit ihrem Freund für sie eigentlich eine Gelegenheit ist, diese alte seelische Wunde zu heilen.

Denn das ist es genau, was sie gerade verspürt: Heilung. Ihr Herz für diesen Schmerz aufzumachen, erlebt sie wie eine Heimkehr. Es tut gut. Danach fühlt Jenny sich irgendwie getröstet, obwohl die äußere Tatsache ja die gleiche ist: Ihr Freund hat sie verlassen. Aber der Unterschied ist der, dass Jenny nun bei sich ist. Sie ist für sich da. Ihr Freund ist ein wenig weiter weggerückt, was er tut, betrifft sie weniger, sie kann es mehr als seine Sache erkennen. Und tatsächlich wagt sich etwas wie eine Vorahnung eines neuen Lebens auf, wenn auch noch ganz vage, verbunden mit einer leichten Aufregung.

Weg 2
Die Abkürzung

Schritt für Schritt vorzugehen, immer wieder bei der Ausgangssituation beginnend und zu schauen, was der Körper noch präsentiert, ist ein Weg, auf dem du gründlich arbeitest und dich allen Gefühlen zuwendest, die mit dem Problem verbunden sind. Er ist unbedingt zu empfehlen. Manchmal aber drängt sich der Gedanke auf, sich sofort um den zugrundeliegenden Schmerz kümmern zu wollen. Um diesen zu finden, gibt es zwei Möglichkeiten:

Abkürzung 1: Die negative Emotion befragen

Du hast ja im ersten Durchgang durch die Übung eine negative Emotion entdeckt. Diese kannst du befragen oder hinterfragen. Achte darauf, direkt und einfach zu fragen. Spüre die Emotion und frage dich, was dich so wütend, ärgerlich, traurig etc. macht. Oder du fragst, was so schlimm ist, worüber du so verzweifelst. Bleibe im Modus „bewusste Wahrnehmung" und beobachte, welche Antwort auftaucht. Mit der Antwort taucht zugleich auch der Schmerz auf (wenn sich nicht eine neue negative Emotion davorschiebt). Zum Beispiel könnte die Antwort lauten: „Es macht mich wütend, dass er mich ständig ignoriert." Oder: „Ich bin traurig über all diese Vernachlässigung." Ignoriert, vernachlässigt – in diesen Beschreibungen könnte der Schmerz enthalten sein, um den das ganze Drama sich dreht. Spüre, während du das denkst oder sagst, in den Körper hinein, nimm dir vor, diesen Schmerz kennenzulernen, öffne ihm dein Herz. Wenn er dir zu schlimm erscheint, mach dir klar, dass es darum geht, ein Gefühl anzuschauen und nicht die Tatsache, die es ausgelöst hat.

Lade den Schmerz ein, sich zu zeigen, während du deinen Atem spürst. Lerne ihn kennen. Es ist ein Gefühl. Wie jedes andere möchte er endlich einmal gesehen werden und nach Hause dürfen in dein Herz.
Manchmal klappt es auf Anhieb, und der Schmerz, der so lange verdrängt war, weil du ihn unbewusst für eine Tatsache hieltest, zeigt sich.

[BEISPIEL]

Auslöser aus der Kindheit

Lou hat Streit mit ihrem Mann. Der Streit ist nicht sehr schlimm, aber als ihr Mann plötzlich aufsteht und den Raum verlässt, während sie noch beim Reden sind, bricht Lou in Tränen aus.
Sie fühlt sich verzweifelt, total verzweifelt. Ihr ist sofort klar, dass ihre Verzweiflung weit größer ist als dem Anlass angemessen. Schließlich ist das eine dumme Kleinigkeit, über die sie gestritten haben, nichts Wichtiges. Sie fragt sich also, warum sie so verzweifelt ist. Die Antwort ist ein Tränenausbruch. Sie fühlt sich im Stich gelassen und dieses Gefühl ist fast unerträglich für sie. Da erinnert sie sich daran, dass sie sich als Kind auch oft so gefühlt hat. Ihre Verzweiflung hat offenbar nicht wirklich damit zu tun, dass ihr Mann den Raum verlassen hat, sondern dies hat nur einen alten Schmerz aus der Kindheit an die Oberfläche gebracht, den sie noch nie bewusst gefühlt hat.

In manchen Fällen funktioniert die Befragungsmethode nicht, denn andere Emotionen schieben sich davor, die erst gesehen werden möchten. Manchmal taucht zum Beispiel die Angst auf, der Schmerz könne zu groß sein, oder ein Zorn oder eine ausweichende Reaktion wie „auf einmal fühle ich überhaupt nichts mehr“. In diesen Fällen muss man auf die Schritt-für-Schritt-Vorgehensweise zurückkommen. Einfach ein Gefühl nach dem anderen im Körper aufspüren und mit dem Herzen versorgen. Früher oder später taucht dann der Schmerz von selber auf.

[BEISPIEL]

Jonas möchte seine Trennung verarbeiten

Jonas ist in mein Seminar gekommen, um ein für ihn sehr schmerzhaftes Ereignis zu verarbeiten. Seine Frau hat ihn vor einem Jahr verlassen und er wird damit nicht fertig. Als er uns davon erzählt, ist er sehr nervös, seine Hände sind unruhig, seine Augen erscheinen dunkel verschleiert und wir können seinen großen Schmerz fühlen. Aber als er in die Übung der Körperzentrierten Herzensarbeit einsteigt, um sich dieses Thema anzuschauen und sich auf seinen Körper konzentriert, kann er überhaupt keine besondere körperliche Reaktion wahrnehmen. Auf die Frage, wie es sich anfühlt, an diese Trennung zu denken, sagt er: „Gut.“ Er berichtet, dass sein Körper sich ganz entspannt anfühlt und es keinerlei störendes Symptom gibt.
„Wunderbar“, sage ich. „Dann nimm doch bitte diesen angenehmen Körperzustand bewusst wahr. Wie fühlst du dich darin?“

„Entspannt", sagt Jonas. „Irgendwie friedlich. Im Frieden." Ich fordere ihn auf, sein Herz für dieses Gefühl, im Frieden zu sein, zu öffnen. Es braucht Raum und Erlaubnis. Danach schlage ich Jonas vor, die Sitzung erstmal abzuschließen, um diesem Gefühl wirklich Raum zu geben. Aber er möchte weitermachen. Er möchte unbedingt zum Kern der Problematik kommen. Er denkt also wieder an die Trennung von seiner Frau, und nun taucht ein Körpersymptom auf: große Unruhe. Er wird zappelig, seine Hände und Füße, sein ganzer Körper zeigen Zeichen von Nervosität.
„Wie fühlst du dich in diesem unruhigen Körperzustand?"
„Ruhelos", sagt Jonas. „Tatsächlich kann ich es nicht ertragen, daran zu denken."
„Du kannst es nicht aushalten, empfindest es als unerträglich?", frage ich zurück.
„Ja, das ist es. Unerträglich." Jonas öffnet sein Herz für das Gefühl, es nicht aushalten zu können, das Gefühl von Unerträglichkeit.
Dann befrage ich dieses Gefühl: „Was ist es, das du nicht aushalten kannst?"
„Sie verloren zu haben", sagt er und bricht in Tränen aus. Jonas braucht eine Weile, um sich klarzumachen, dass es jetzt nicht darum geht, die Tatsache dieses Verlustes anzuschauen, sondern das Gefühl. Schließlich gelingt es ihm und er kann sein Herz für das Gefühl von Verlust aufmachen. Dieser Schmerz braucht Anerkennung, Erlaubnis, Raum und als Gefühl erkannt zu werden statt als Tatsache. Danach geht eine Wandlung in Jonas vor. „Seltsam", sagt Jonas, „jetzt wo ich diesen Schmerz als Gefühl erkannt und ihm Raum und Anerkennung gegeben habe, fühle ich mich auf einmal mit meiner Frau verbunden, und zwar unabhängig davon, wo sie sich befindet und was sie tut. Selbst, wenn ich mir vorstelle, dass sie mit jemand

anderem zusammenlebt oder auf einem anderen Kontinent ist, ja sogar wenn sie verstorben wäre – das Gefühl von Verbundenheit bleibt!" Das könnte man natürlich einfach so als neue Tatsache nehmen und auf sich beruhen lassen, aber ich mache Jonas darauf aufmerksam, dass „verbunden" auch ein Gefühl ist und frage ihn, ob er nicht auch diesem schönen neuen Gefühl einmal bewusste Aufmerksamkeit und Platz in seinem Herzen geben möchte. Ja, er möchte es und er tut es, und danach sagt er: „Jetzt fühlt es sich rund an." Und etwas später: „Jetzt kann ich mir vorstellen, ein neues Kapitel in meinem Leben anzufangen."

Abkürzung Variante 2: Sich ungeschützt in die Situation begeben

Du hast eine negative Emotion ins Herz genommen und mit allem versorgt, was sie braucht. Nun nimmst du dir vor, den Schmerz kennenzulernen, auf den sie sich bezieht. Die Technik: Du sagst diesem Gefühl, dass du es für den Moment mal zur Seite stellst, nachher darf es wieder zurück ins Herz. Du begibst dich im Geist in die Ausgangssituation, ohne dich mit einer negativen Emotion zu wehren. Du stellst alle negativen Emotionen zur Seite, wehrst dich nicht mit Trotz oder Zorn, blockierst dich nicht mit Angst, flüchtest nicht und verschwindest nicht in Tränen – du gehst sozusagen ungeschützt in die Situation. Mach dir aber klar, dass du das nicht in der Realität tun sollst, sondern nur jetzt in deiner Vorstellung, um das schlimme Gefühl hervorzulocken. Wenn du Glück hast, beziehungsweise gerade bereit dazu bist, taucht es auf.

BEISPIEL

Wut. Riesengroße Wut.

Was erlaubt sich dieser Mensch? Am liebsten würde ich ihn anbrüllen, ihm eine knallen …
Okay. Augen schließen. Wut anschauen. Der Atem geht schnaubend. Die Nüstern sind gebläht. Arme, Kiefer, Bauch, Beine, der ganze Körper ist angespannt. Wut! Atmen. Fühlen. Herz aufmachen für die Wut. Sie braucht alles – „bewusst wahrgenommen, gefühlt, anerkannt, verstanden werden“, „da sein dürfen „Daseinsberechtigung“, „Achtung“ und „als Gefühl wahrgenommen werden“. Jetzt rückt es sich zurecht: Die Wut ist nicht mehr etwas Übergroßes, das mich einnimmt, sondern sie ist etwas, das kleiner ist als ich – ein Gefühl in meinem Herzen.
Worüber bin ich eigentlich so wütend? Was tut mir so weh?
Um das festzustellen, stelle ich mir vor, dieselbe Situation zu erleben, aber die Wut wegzulassen. Im Geist gehe ich ohne die Anspannung der Wut in die Situation. Der Empörung, die auftauchen will, sage ich: Ja, ich sehe dich, du darfst auch ins Herz, aber jetzt im Moment tritt mal bitte zur Seite.
Ich lasse das Verhalten jenes Menschen jetzt einmal voll und ganz auf mich wirken, ohne Schutzschild oder Ausflucht. Wie fühle ich mich wirklich?
Kleingemacht. Erniedrigt.
Da ist es, das schlimme Gefühl. Der Schmerz, vor dem ich solche Angst hatte, weil ich ihn mit einer Tatsache verwechselt hatte.
Ich lerne ihn kennen, lasse zu, ihn zu fühlen, und öffne ihm mein Herz. Danach hat der Vorfall, der mich vorher so wütend gemacht hat, gar keine Wirkung mehr auf mich. Ich erkenne, dass dieser Mensch so ist, wie er eben ist, und dass das mit mir nichts zu tun hat.

Part II

Zu jedem Problem gehört eine Sehnsucht, die nicht wahrgenommen wird

Mit dem Schmerz ist immer auch eine Sehnsucht verbunden. Meist beachten wir diese Sehnsucht überhaupt nicht, ja kommen gar nicht auf die Idee, nach ihr Ausschau zu halten, denn wir sind mit unserer Aufmerksamkeit stets mehr bei dem, was uns ärgert, stört, ängstigt oder traurig macht als bei dem, was wir uns wünschen. Zumal wir die Erfüllung dieser Sehnsucht ganz unbewusst und selbstverständlich für unmöglich halten.

In der Körperzentrierten Herzensarbeit kann sich nun diese Sehnsucht in verschiedenen Etappen der Übung zeigen, zum Beispiel, wenn du gerade dabei bist, den Schmerz zu entdecken, der Wunsch nach dem Gegenteil sich aber mit Macht in den Vordergrund schiebt. Oder gleich zu Anfang, während du beginnst, dich auf dein Thema zu konzentrieren. Wann immer diese Sehnsucht sich zeigt – du erkennst sie an Gedanken wie „ich will aber ...“, „ich wünsche mir ...“ „ich möchte ...“ – wende dich ihr zu und kümmere dich um sie in der gleichen Weise wie um die anderen Gefühle. Spüre sie im Körper auf (meist in der Herzgegend) und prüfe, was sie von dir braucht. Probiere alle Herzensschlüssel durch und zusätzlich einen weiteren, der nur von dem Gefühl der Sehnsucht und von keiner anderen Emotion gebraucht wird: „vom Gedanken der Unmöglichkeit befreit werden“, Kurzformel „es für möglich halten“. Wie bei jedem Herzensschlüssel geht es auch bei diesem nicht darum, was dein Verstand davon hält, sondern ob dein Herz davon berührt wird und sich dieses Gefühls erbarmt. Benutze „es für möglich halten“ also wie jeden anderen Herzensschlüssel: Bleibe mit der

Aufmerksamkeit bei deinem Gefühl – hier also der Sehnsucht – und achte darauf, ob es eine Reaktion gibt, eine Zustimmung, ein Aufatmen, eine Rührung, anstatt dich zu fragen, ob die Erfüllung dieser Sehnsucht tatsächlich möglich ist. Also vergewaltige nicht deinen Verstand, indem du dir einredest, es sei möglich – sondern fühle, ob „es für möglich halten" eine Regung auslöst. Das ist alles. Der „Deckel der Unmöglichkeit" ist nun entfernt und die Sehnsucht kann in deinem Herzen leben. Du wirst merken, dass das in sich schon eine große Veränderung ist, dass die Energie in dir wieder freier fließt, du tiefer atmen kannst und mit mehr Zuversicht in die Zukunft schaust, auch wenn du vom Kopf her keine Ahnung hast, wie sich das auswirken wird. Und manchmal weiß das Herz mehr als der Kopf …

Der verborgene Schatz: Das gute Gefühl unter der Sehnsucht

Wenn du möchtest, kannst du in der Betrachtung deines Themas noch einen Schritt weitergehen. So wie in den negativen Emotionen ein Schmerz versteckt ist, so ist in der Sehnsucht ein angenehmes, schönes Gefühl versteckt. Es lohnt sich, das zu entdecken.

Der Weg

Wann immer es eine Sehnsucht oder einen Wunsch gibt – Sehnsucht ist das Gefühl im Wunsch –, gibt es auch ein Bild der Erfüllung dieses Wunsches. Entdecke dieses Bild. Du sehnst dich nach Freiheit: Wie sieht diese Freiheit denn aus? Was siehst du dich tun oder erleben? Versetze dich in dieses Bild der Wunscherfüllung hinein, ebenso wie du dich am Anfang in die Ausgangssituation hineinversetzt hast. Gehe nun die Schritte der Übung...

[ÜBUNG]

Körper – Gefühl – Herz

[Das positive Gefühl in der Wunscherfüllung]

Was macht dein Körper, wie fühlt es sich an,
in dieser ersehnten Situation zu sein?

Erlebe diesen Körperzustand aufmerksam und bewusst.
Wie fühlst du dich darin?

Gib diesem positiven Gefühl einen Namen,
der es so genau wie möglich bezeichnet.

Öffne dein Herz für dieses Gefühl, indem du alle Herzensschlüssel außer Mitgefühl und Erbarmen durchprobierst und noch einen weiteren hinzufügst: Pflege.

Das bedeutet, dass dieses Gefühl nicht nur einmal kurz für ein paar Sekunden oder Minuten wahrgenommen werden möchte, sondern auch weiterhin viel und oft gefühlt werden möchte, so dass es in deinem Herzen Fuß fassen kann.

Welche Gefühlsschichten gehören zu einem Problem – wann ist man durch das Problem hindurch?

Dein Problem hast du dann genügend angeschaut, wenn es keines mehr für dich ist! Meistens stellt sich dieser Effekt ein, nachdem man sein Herz für den Schmerz geöffnet hat, der hinter den negativen Emotionen verborgen war. In anderen Fällen tritt die große Veränderung ein, wenn eine negative Emotion, die man sich bisher nie gestattet hatte, die vielleicht in der Familie total tabu war, endlich entdeckt und ins Herz geholt wurde. Wenn du zu den Leuten gehörst, die noch nie in ihrem Leben Wut gefühlt haben, weil das für sie total tabu war, dann ist es für dich ein gewaltiger Schritt, deine Wut endlich einmal zu fühlen! Auch wenn, um die Problematik zu lösen, vielleicht der Schmerz und die damit verbundene Identifikation, beispielsweise „ich bin schlecht" oder „wertlos", viel wichtiger sein mag. In wieder anderen Fällen stellt sich die befreiende Veränderung ein, nachdem man erkannt hat, dass ein bestimmtes Gefühl oder ein Bündel von Gefühlen von jemand anderem übernommen war und man es zurückgegeben hat.

Achtung: Unter manchen Problemen liegt nicht nur ein Grundschmerz verborgen, sondern mehrere! Dann bist du die Problematik erst los, wenn du sie alle entdeckt und versorgt hast. Beispiel: Du bist von jemandem kritisiert worden und empfindest das als demütigend, aber danach ist es immer noch ein Drama für dich. Schließlich entdeckst du, dass die Sache noch einen zweiten Grundschmerz auslöst: den der Ungerechtigkeit. Oder du bist verlassen worden und das löst eine Reihe von Grundschmerzen

aus, je nachdem, wie du dies interpretierst: Du fühlst dich vielleicht verlassen, schlecht (wenn er/sie mich verlässt muss ich ja schlecht sein), wertlos, hässlich ... Oder du empfindest die Tatsache, verlassen worden zu sein, als Demütigung oder als Unrecht ...
Hier ein Überblick über die Gefühlsschichten, die an einer Problematik beteiligt sind:

- *Negative Emotionen (mit denen du den Schmerz verdrängst)*
- *Positive oder neutrale Emotionen (auch damit kannst du den Schmerz verdrängen)*
- *Schmerz (das, was dir eigentlich wehtut)*
- *Sehnsucht nach dem Gegenteil (was du dir eigentlich wünschst)*
- *Schönes Gefühl (in der Erfüllung dieser Sehnsucht)*

Aber, großes ABER: Du kannst dein Problem nicht nach einem logischen Plan abarbeiten, denn die Psyche ist nicht mit der gleichen Logik aufgebaut wie der Verstand. Gehe daher immer vom Körperzustand aus und nimm die Gefühle, wie sie auftauchen. Sei auf alles gefasst. Solange du in der bewussten Wahrnehmung bleibst, kann nichts passieren. Nur dass manche Themen schnell bearbeitet sind und andere länger brauchen! Alles, was du brauchst, ist ein Verständnis der Grundschritte, die ich hier noch einmal wiederhole:

- *Thema*
- *Körper*
- *Emotion*
- *Herz*
- *Thema*
- *Fremdgefühle, falls vorhanden, zurückgeben*

[BEISPIEL]

Charlie gelangt zu positiven Gefühlen

Wie Charlie einen Schmerz durch ein positives und ein negatives Gefühl verdrängt und am Ende zu einem neuen positiven Gefühl gelangt, von dem er gar nicht wusste, dass es in ihm existierte.

Charlie ärgert sich über seine Freundin. Sie hat ihn vor seinen Freunden lächerlich gemacht (Ausgangssituation).
Als er sich hinsetzt, um sich die Sache anzuschauen, kann er sich zwar lebhaft an die Situation erinnern, aber der Ärger ist nicht mehr da. Charlie fühlt stattdessen eine Art friedliche Heiterkeit, als ob er darübersteht (positives Gefühl). Er öffnet sein Herz für dieses Gefühl friedlicher Heiterkeit. Es braucht Erlaubnis und Würdigung. Und dass er es als Gefühl erkennt, anstatt es für eine Tatsache zu halten (also zu glauben, dass dies nun seine neue Realität sei). Nach diesem letzten Herzensschlüssel meldet sich in seinem Magen nun doch der Ärger (negative Emotion). Sein Herz öffnet sich diesem Ärger durch Verständnis und Respekt. Schließlich erkennt Charlie, warum er sich so geärgert hat: Er hat sich gedemütigt gefühlt (Grundschmerz). Nachdem er diese Demütigung gefühlt und als Gefühl erkannt hat, geht er im Geist noch einmal in die Ausgangssituation zurück. Wie würde er die gleiche Situation erleben, sollte sie noch einmal auftauchen? Ganz bewusst nimmt er das Gefühl von Demütigung in seinem Herzen wahr, während die Szene sich in seiner Imagination abspielt. Es geht ihm nun ganz anders damit. Er erlebt sich als „bei sich, eins mit sich und für sich selber da“ und merkt, dass die Gedanken und Gefühle der anderen ihre Sache sind und nicht seine. Die Sache betrifft ihn nicht mehr so sehr. Charlie merkt, dass

seine Körperhaltung sich verändert hat. Irgendwie aufrechter und so, als sei er größer geworden und auch mehr zentriert. Er lernt diesen neuen Körperzustand aufmerksam kennen und entdeckt darin ein neues Gefühl: Würde (positives Gefühl).
Auch hierfür öffnet er sein Herz.
Mit diesem Gefühl im Herzen kann er sich vorstellen, seiner Freundin mitzuteilen, dass ihn ihr Verhalten verletzt hat. Allerdings erscheint es ihm nicht mehr so wichtig. Denn er hat erkannt, dass Würde ein Gefühl ist und niemand ihm dieses Gefühl nehmen kann. Er braucht sich nur immer wieder daran zu erinnern, es zu fühlen.

In diesem Beispiel tauchen die Gefühlsschichten in einer einigermaßen logischen Reihenfolge auf.

Als erstes gibt es Ärger. Der wird zunächst durch ein positives Gefühl verdrängt, verborgen in der Haltung „Da stehe ich doch drüber!". Dieses muss erst seinen Platz im Herzen haben, bevor der Ärger sich wieder hervortraut und nach ihm der Schmerz. Am Ende, zurück in der Ausgangssituation, taucht ein neues positives Gefühl auf. Jedoch, es kann auch ganz andersherum gehen. Nimm die Gefühle, in der Reihenfolge, in der sie auftauchen. Wenn du gerade dabei bist, einen Schmerz zu entdecken, und es schiebt sich eine Angst davor, dann kümmere dich eben erst um die Angst. Bist du gerade dabei, Wut zu entdecken, und es taucht Verzweiflung auf, dann kümmere dich erst um diese. Grundprinzip: Immer das nehmen, das gerade auftaucht. Wo sitzt es im Körper, wie fühlt es sich an, was braucht es vom Herzen? Wenn du aufmerksam dabeibleibst, wird sich der Schmerz, um den es letztlich geht, unweigerlich früher oder später zeigen.

Wichtig: Übergehe nie die körperliche Ebene!
Wenn, wie im vorherigen Beispiel, eine Emotion schon im Bewusstsein ist (hier war es der Ärger) – immer zuerst in den Körper hineinspüren. Manchmal geht es dabei nur darum, die betreffende Emotion auch körperlich zu erleben und nicht nur zu denken. Aber manchmal, wie im vorher genannten Beispiel, tauchen andere, dir weniger bewusste Gefühle auf, wenn du in den Körper hineinspürst. Und erinnere dich bitte daran, während der ganzen Übung den Atem bewusst zu spüren.

DIE ROLLE DES ATEMS

Der Atem soll nicht verändert, sondern so wahrgenommen werden, wie er ist, denn so, wie er ist, gehört er zur Situation und zur Emotion. Bei manchen Gefühlen ist er ganz flach, bei anderen geht er schnaubend, bei wieder anderen tief und ruhig oder du hast den Eindruck, den Atem angehalten zu haben. Nicht korrigieren! Es geht nicht darum, das Gefühl fortzuatmen, sondern du sollst den Atem benutzen, um es deutlicher und vollständiger fühlen zu können.

Manchmal musst du vielleicht weinen, während ein Gefühl auftaucht. Das ist im Sinne der Methode ganz in Ordnung. Weine dich aber nicht in die Identifikation mit dem Gefühl hinein, sondern bleibe Wahrnehmende. Nimm das Weinen und das Gefühl, das sich darin ausdrückt, bewusst wahr. Vergiss nicht: Du bist jetzt nicht die Traurige, sondern die, die die Trauer wahrnimmt und sich darum kümmert!

[BEISPIEL]

Eine erfolgreiche Sitzung, in der nicht alles nach Plan lief

Thema: Bea hat ihren Mann verloren und möchte nach Jahren des Trauerns nun endlich ein neues Leben anfangen, aber sie hängt zu sehr an der Vergangenheit fest, was sie stört.

Ausgangssituation: Kürzlich hat sie einen sehr netten und interessanten Mann getroffen, aber statt sich mit ihm ganz unbefangen zu unterhalten und vielleicht ein wenig zu flirten, was sie sich eigentlich gewünscht hätte, hat sie angefangen, sich schuldig zu fühlen und sich viel zu hastig verabschiedet. Mit diesem übereilten Abschied vor Augen steigt sie in die Übung ein.

Körper: Er fühlt sich entzweigerissen an. Im hinteren Teil gibt es einen Zug nach hinten, im vorderen einen Zug nach vorne.

Gefühl: Zerrissen. Hin- und hergerissen.

Herzensschlüssel: „Wahrgenommen werden“, „Beachtung“ und „Raum bekommen“. Bea konzentriert sich auf den Zug nach hinten.

Gefühl: Sich zurückziehen wollen, flüchten wollen. Eigentlich Angst. Sie fragt sich, wovor sie Angst hat: davor, etwas zu verlieren, wenn sie sich auf eine neue Beziehung einlässt. Nämlich ihren Mann vollständig zu verlieren. Sie öffnet ihr Herz für diese Angst mit „Verständnis“, „Achtung“, „Anerkennung“, „Beachtung“.

Dann wendet sie sich dem Zug nach vorne zu. Sie verspürt darin eine Sehnsucht – jene Sehnsucht, die sie dazu treibt, diesen neuen Mann kennenzulernen. Auch dieser Sehnsucht öffnet sie ihr Herz: Sie braucht vor allem „Erlaubnis“, und dass sie von Verurteilung befreit wird. Und „Achtung“.

An dieser Stelle taucht in Bea eine Ahnung auf:
Ob sie diese Sehnsucht vielleicht teilweise von jenem Mann übernommen hat? Vielleicht sehnt der sich auch? Sie stellt sich vor, ihm dieses Gefühl zurückzugeben, und siehe da, er nimmt es in ihrer Imagination, und bei ihr wird es leichter, weniger ziehend, weniger zwingend. Zugleich taucht Freude auf, weil sie erkannt hat, dass er dieselbe Sehnsucht hat. Auch diese Freude nimmt sie ins Herz („Will gefühlt werden“, „Erlaubnis“ und „Raum bekommen“).

Bea möchte die Sitzung beenden, aber es zieht sie noch einmal zu der Angst hin, die am Anfang aufgetaucht war. Die Angst, ihren Mann vollständig zu verlieren, wenn sie eine neue Beziehung anfängt. Ihr fällt ein, dass ja hinter dieser Angst noch ein tieferes Gefühl stecken muss, ein Schmerz. Vielleicht wäre es gut, diesem Schmerz auch noch ihr Herz zu öffnen? Dafür muss sie sich allerdings die gefürchtete Situation vorstellen. So gut es geht, stellt sich Bea also vor, ihren Mann vollständig verloren zu haben. Das letzte Band – die Trauer, das Alleinsein, das An-ihn-Denken – sei nun nicht mehr da, er sei vollständig verschwunden. Wie fühlt sich das an – wie fühlt sie sich? Da ist Leere – es ist, als ob etwas fehlt, etwas Wesentliches. Es gibt kein deutliches Körpersymptom dazu, nur den inneren Eindruck von Leere neben ihr, um sie herum. Sie konzentriert ihre Aufmerksamkeit in ihrem Körper, um herauszufinden, wie sie sich fühlt mit dieser Leere, diesem Fehlen. Da taucht ein großer Schmerz in ihrem Herzen auf. Er heißt Verlust.

Bea tut sich zuerst schwer damit, diesen Schmerz zu fühlen. Er erscheint ihr zu schlimm, zu groß, es ist, als würde sie damit die Tatsache des Verlusts anerkennen, zementieren. Aber sie macht sich klar, dass es jetzt nicht um die Tatsache, sondern um das Gefühl geht und dass dieses Gefühl sie braucht. Dass sie sich dieses Gefühls einmal erbarmen, ihm ihr Herz öffnen möchte. Das macht es ihr leichter, diesen Schmerz zu fühlen.

Seltsamerweise reagiert der Schmerz des Verlusts neben dem Herzensschlüssel „Fühlen“ am meisten auf das Schlüsselwort „als Gefühl wahrnehmen statt als Tatsache“. Obwohl der Verlust ja auch eine Tatsache ist, möchte doch das Gefühl von Verlust als Gefühl erkannt

werden. Danach braucht es noch „Raum", „Achtung" und „Würdigung". Nach diesem letzten Herzensschlüssel erkennt Bea, dass es in Wirklichkeit gar keinen Verlust gibt. Sie kann das ihrem Verstand nicht erklären, aber sie fühlt es im Herzen. Ein neues Gefühl ist aufgetaucht: Verbundenheit.
Mit dieser Verbundenheit im Herzen und dem neuen Gefühl von Freude kann Bea es sich nun leisten, mit ihrem neuen Bekannten Kontakt aufzunehmen.

Glücklicherweise hat sie seine Telefonnummer …

ANWENDUNG Teil 3

…mit dem Herzen
sieht man besser

WAS KANN MAN MIT HERZENSARBEIT ERREICHEN?

Das Licht des Herzens
leuchtet mir in allen Angelegenheiten,
allen Situationen
und auf allen Wegen.
Vorausgesetzt, dass ich es einschalte.

Mit dem Herzen sieht man besser

Körperzentrierte Herzensarbeit wird nicht einen anderen Menschen aus dir machen, sondern es wird den Menschen zutage fördern, der du eigentlich bist. Es wird dir helfen, deinen „Charakterpanzer" abzulegen. Das Resultat einer Übung ist immer ganz anders, als man es sich vorher vorstellt. Wenn du darunter gelitten hast, immer zu sanft und nachgiebig zu sein, dann hast du dir vielleicht vorgestellt, nach der Sitzung endlich einmal auf den Tisch hauen zu können. Tatsächlich kommt aber vielleicht am Ende heraus, dass du eine

solche innere Festigkeit oder Autorität gewonnen hast oder dein Herz eine solche Strahlkraft bekommen hat, dass du überhaupt nicht auf den Tisch hauen musst, um dich durchzusetzen – Menschen respektieren dich automatisch. Oder dein Problem bestand darin, dass du dich dafür verurteilt hast, immer zu viel zu träumen und zu faul zu sein. Als Ergebnis der Herzensarbeit hast du dir vielleicht vorgestellt, die Ärmel aufzukrempeln und ein fleißiger und tatkräftiger Mensch zu werden. Aber die Sitzung verläuft ganz anders: Du entdeckst in deiner Faulenzerei das Gefühl von Entspannung und Losgelöstheit, kannst es plötzlich würdigen, hat es dir doch immer dazu verholfen, große Dinge, für die andere sich lange anstrengen müssen, sozusagen „mit links" in einem Minimum von Zeit zu erledigen.
So ist das Resultat einer gelungenen Herzensarbeit immer überraschend und weitaus zufriedenstellender, als man es sich vorher vorgestellt hat.

Probleme lösen sich durch Körperzentrierte Herzensarbeit meist vollständig. Wenn aber danach ein „äußeres Problem" im Sinne einer schwierig zu meisternden Situation bestehen bleibt, dann gewinnt man zumindest Abstand, Klarheit, neue Perspektiven und neue Qualitäten durch die Übung, die einem helfen, anders damit umzugehen. Beispielsweise merkst du plötzlich, dass du handlungsfähig bist, nachdem du dein Gefühl von Gelähmt-Sein entdeckt, als Gefühl erkannt und ins Herz geholt hast. Oder du bist jetzt in der Lage, klare Worte zu sprechen, was dir vorher nicht möglich war. Es gibt unendlich viele Möglichkeiten, wie eine Herzensarbeit sich positiv auf eine Situation auswirken kann.

WAS MAN MIT KÖRPERZENTRIERTER HERZENSARBEIT ALLES BEWIRKEN KANN

Der Nutzen der Körperzentrierten Herzensarbeit ist so vielfältig wie die Anliegen der Menschen, die sie erlernen, vielfältig sind.

[BEISPIEL]

Was möchtest du erreichen?

- Problemen auf den Grund gehen und sie lösen
- Die richtige Entscheidung finden
- Alte seelische Wunden heilen
- Aus falschen Überzeugungen aufwachen
- Reaktions- und Verhaltensmuster loswerden
- Beziehungen klären und harmonisieren
- Ängste überwinden
- Wieder fühlen lernen
- Körperliche Beschwerden lindern und heilen
- Mehr Selbstliebe und innere Sicherheit finden
- Die Gefühle anderer verstehen
- Ein offenes Herz entwickeln
- Konflikte bewältigen oder überflüssig machen
- Emotionale Stabilität entwickeln
- Eine höhere Perspektive finden
- Zu Gelassenheit kommen
- Spirituelles Erwachen einleiten und unterstützen
- Fremde Bürden loswerden, die du dir aufgeladen hast
- Wünschen und Sehnsüchten zur Erfüllung verhelfen

Die Liste ließe sich vermutlich fortsetzen. Ich habe die Motive aufgezählt, die Menschen mir nennen, wenn sie in meine Seminare kommen, um Körperzentrierte Herzensarbeit zu lernen. Lass mich jeden dieser Verwendungszwecke noch ein wenig kommentieren.

Problemen auf den Grund gehen und sie lösen

Die meisten Probleme lösen sich nach einer Körperzentrierten Herzensarbeit (oder mehreren, je nach Komplexität der Sache) von alleine. Ist ja auch logisch, denn wie erklärt, liegt ja das eigentliche Problem gar nicht darin, wie die Situation ist, sondern was sie mit dir macht.
Aber was, wenn es um tatsächlich gravierende äußere Umstände geht? Ums Materielle, Körperliche, Tatsächliche und nicht nur um emotional Belastendes? Du wirst gekündigt, körperlich angegriffen, dein Partner liegt im Sterben, deine Kreditkarte wird gesperrt ... Kann Herzensarbeit da helfen? Sie kann ja die Umstände nicht ändern, oder?
Was Körperzentrierte Herzensarbeit immer ändert, ist dein Gefühl, deine Sichtweise, deine Haltung, deine Perspektive und deine Handlungsmöglichkeiten. Sie gibt dir, je nach Situation, mehr Einblick und Verständnis, mehr Ruhe, Gelassenheit oder Stärke, mehr Mut oder Präsenz, und versetzt dich in die Lage, anders mit der Situation umzugehen. In vielen Fällen ändert sich in der Folge auch die tatsächliche Situation. Wir sind ja mit der Welt um uns her auf vielfältige Weise verbunden, was uns überhaupt nicht bewusst ist. Probiere es aus!

Aber unabhängig von der Frage, ob Herzensarbeit an der äußeren Situation etwas ändert oder nicht: Deine Gefühle brauchen dich. Sie wollen gefühlt werden. Sie brauchen dein Herz. Allein die Zuwendung tut schon gut, ganz unabhängig von der äußeren Situation.

Hier ein paar Beispiele für winzige und doch enorm wichtige Veränderungen, die ich immer registrieren kann, auch in Situationen, wo sich zunächst oder überhaupt durch meine Herzensarbeit äußerlich nichts ändern kann:

- Ich bin bei mir, wusste zuvor meist gar nicht, dass ich vorher außer mir war. Ich verschwinde nicht in meinen Gefühlen wie etwa Panik, Ohnmacht oder Wut, sondern bin bei ihnen und kümmere mich um sie.
- Das gibt mir Distanz zu Umständen und Menschen.
- Meine Emotionen verstellen mir nicht mehr den Blick auf die Situation. Ich kann Aspekte oder Gelegenheiten wahrnehmen, die ich vorher nicht gesehen habe.
- Meine Gefühle bewusst wahrzunehmen, und sei es auch in Sekundenschnelle, gibt mir einen Puffer zwischen der äußeren Situation und meiner Reaktion. Genau den Moment, den ich brauche, um zu mir zu kommen und zu erkennen, was zu tun ist.
- Schließlich – das Wichtigste – entdecke ich: So schlimm die Situation auch sein mag, ich bin mehr als meine Gefühle, mehr als meine Gedanken, mehr als meine Körperempfindungen. Denn ich entdecke einen Teil in mir, der nicht verstrickt und verwickelt ist, sondern einfach neutral wahrnimmt. In spirituellen Traditionen nennt man ihn „den Zeugen", „den Beobachter" oder „die Bewusstheit". Dies ist wie eine innere Plattform, auf der ich selbst in de facto gefährlichen Situationen eine Art innere Sicherheit finde.

- Da ich wach und bei mir bin, bemerke ich es, wenn ich gerade dabei bin, das Gefühl meines Gegenübers wahrzunehmen. Das erspart mir, es zu übernehmen und mich fälschlich damit zu identifizieren, und gibt mir außerdem den Vorteil, zu erkennen, wie der andere sich fühlt. Dadurch entsteht nicht nur Verständnis für die Person, sondern ich kann auch klüger mit ihr umgehen.

Die allermeisten Situationen, die wir uns mit Herzensarbeit anschauen, sind ja auf der Ebene der Tatsachen – verglichen mit einem Bombenangriff oder einem finanziellen oder körperlichen Ruin – eher harmlos. Aber emotional können sie für uns Katastrophen sein. Da in solchen Fällen die Katastrophe nur darin besteht, dass wir eine Emotion aus der Vergangenheit für eine Tatsache in der Gegenwart halten, lösen diese Probleme sich vollständig auf, wenn man durch Herzensarbeit diese Verwechslung aufdeckt.
Allerdings wirst du nicht auf einen Schlag deine Problematik ganz los, oder jedenfalls nicht immer. Kindheitserlebnisse, Familie und Gesellschaft prägen uns ja zutiefst. Man kann durch korrektes Wahrnehmen, Erkennen, Herzöffnen und Zurückgeben zwar in einem einzigen Moment alles zurechtrücken und bereinigen, aber Muster, die einmal ins Gehirn gegraben wurden, bestehen weiter. Nur das konsequente Weiterüben wird dich wirklich befreien. Wenn du also einen Grundschmerz in der Herzensarbeit entdeckt hast, nimm dir vor, ihn im Auge zu behalten, auf ihn zu achten, ihn sofort zu bemerken, wenn er sich wieder meldet, und ihn dann sofort als Gefühl zu erkennen! Und wenn du am Ende einer Herzensarbeit ein neues positives Gefühl entdeckt hast, pflege es, indem du

dich wieder und wieder daran erinnerst! Bei Gefühlen, die du in einer Herzensarbeit ausführlich kennengelernt hast, reicht die Erinnerung an den Namen des Gefühls (vielleicht verbunden mit dem Bild, durch das du es entdeckt hast, oder mit dem Körperzustand, der damit verbunden war), um das Gefühl sofort wieder in dir lebendig werden zu lassen.
Durch diese Nachsorge bewirkst du, dass du dich auf neue Weise verhalten kannst. Und durch wiederholtes neuartiges Verhalten setzt du die alten Schienen im Gehirn außer Kraft.
Achtung Rückfall! Nahe Angehörige und alte Freunde haben im Allgemeinen die Tendenz, dich in deine alte Rolle zurückdrängen zu wollen. Nicht aus Bösartigkeit, sondern, weil sie dich nicht wiedererkennen. Deine Veränderung erscheint ihnen bedrohlich. Womöglich müssen sie sich auch verändern oder infrage stellen, um auf deine Veränderung zu antworten, oder sie haben Angst, dich zu verlieren. Selbst wenn das alte Rollenspiel eher unerfreulich war, so fühlen sie sich doch damit vergleichsweise wohler als mit der neuen Haltung, in der du ihnen entgegentrittst. Aber die Gefahr eines Rückfalls liegt auch in dir selber: Diesen Menschen zu begegnen, setzt automatisch die alten Mechanismen in deinem Gehirn in Gang. Rechne daher damit, dass du noch einmal in ein altes Verhaltensmuster zurückfallen kannst, wenn du deine Familie oder einen alten Freundeskreis wiedersiehst. Nach der Herzensarbeit hast du dich vielleicht als neuen Menschen erlebt, selbstbewusst und souverän, aber im Angesicht deiner Lieben kannst du nicht anders als dich wieder wie der kleine Idiot zu verhalten, für den alle dich immer gehalten haben. Das ist normal. Es kann sogar nützlich sein: Jetzt hast du in der realen Situation die Gelegenheit, das alte Gefühl noch einmal ganz bewusst zu fühlen und zu schauen, was

es noch von deinem Herzen braucht oder von wem du es übernommen hast.
Beim nächsten Mal nimm dir vor, genau dieses unangenehme alte Gefühl bewusst in die Situation mitzunehmen – jetzt weißt du ja, dass es ein Gefühl und keine Tatsache ist, und so kannst du dir das ja leisten. Nimm es im Herzen mit und nicht nur im Kopf; im Herzen ist es bei dir geborgen wie ein kleines Kind in deinen Armen! Du fühlst es, kümmerst dich darum, lässt es ganz bewusst in dir anwesend sein, und trittst der Situation nun ganz anders entgegen als zu der Zeit, da dieses Gefühl dich aus dem Hinterhalt überfallen und beherrscht hat. Du wirst sehen, dass genau das eine Veränderung herbeiführen wird.

Die richtige Entscheidung finden

Du musst dich zwischen A und B entscheiden – oder zwischen mehreren Möglichkeiten – und du bist unentschieden, kannst nicht erkennen, was das Richtige wäre.
Was heißt „das Richtige", in welchem Sinne soll diese Entscheidung richtig sein? Kläre das als erstes. Denn es gibt keine absolut richtigen oder falschen Entscheidungen. Eine Entscheidung kann nur in Bezug auf ein bestimmtes Ziel richtig oder falsch sein. Du hast ein Jobangebot in Sidney und eines in Wolfratshausen: Was ist dir denn wichtig? Zum Beispiel: viel Geld verdienen, eine erfüllende Arbeit haben, ein sympathisches, menschliches Umfeld, ein angenehmes Klima und anderes. Wenn du das geklärt hast, ist der erste Schritt zum Finden der richtigen Entscheidung schon getan und oft ist er auch schon der einzige, ausschlaggebende.

Wenn es dir nicht möglich ist, eine klare Entscheidung zu finden, kannst du die Körperzentrierte Herzensarbeit in folgender Weise anwenden: Kümmere dich als erstes um den emotionalen Zustand, der ganz im Vordergrund steht. Wie fühlt es sich an, nicht entscheiden zu können, nicht zu wissen, wo es langgehen soll? Welches Gefühl steht ganz im Vordergrund? Unentschlossenheit, Zerrissenheit …?
Lerne anschließend die Gefühle kennen, die mit den verschiedenen Optionen verbunden sind. Nennen wir diese verschiedenen Optionen A und B. Stelle dir vor, du hast dich für Möglichkeit A entschieden, und wende die Methode darauf an (Körperwahrnehmung – Emotion – Herz). Gehe genauso mit B und eventuellen sonstigen Optionen vor.
Natürlich kannst du auch gleich dein Herz fragen, welche Entscheidung ihm lieb ist. Jedoch: Da stellen sich oft die Emotionen quer, so dass du überhaupt nicht mehr erkennen kannst, was nun Emotion, was Herz und was Intuition ist.
Körperzentrierte Herzensarbeit anzuwenden, hilft dir aus dieser Verwirrung heraus und macht den Weg frei für die richtige Entscheidung.

Alte seelische Wunden heilen

„Seelische Wunden" ist der gängige Ausdruck für das, was uns im tiefsten Innern schmerzt und was darauf zurückgeht, dass ein für uns lebenswichtiger Mensch (sprich hauptsächlich Mutter oder Vater) etwas getan hat, wodurch wir uns schockiert und verletzt gefühlt haben. Gemeint ist, dass es eben keine körperliche Wunde ist, sondern eine gefühlsmäßige, eine emotionale. Was wird dann eigentlich verletzt?

Nicht wir selber, sondern unser Selbstbild: das Bild, das wir von uns selber haben. Dieses Bild entsteht in der Kindheit. An den Handlungen und Reaktionen unserer Eltern oder sonstiger wichtiger Bezugspersonen uns gegenüber lesen wir ab, wer, beziehungsweise wie wir sind. Erinnere dich: Papi ist ärgerlich, also muss ich schlecht sein. Mami hat keine Zeit für mich, also bin ich ihr nichts wert, ich muss wohl wertlos sein und so fort. Das alles stimmt natürlich nicht, das haben wir uns in unserer Unwissenheit zusammengereimt. Aber es hat uns wehgetan und tut uns immer noch weh, denn wir sind ja nach wie vor davon überzeugt, schlecht, wertlos und vieles mehr zu sein. Diese Überzeugung ist uns nicht bewusst und deshalb können wir sie auch nicht infrage stellen. Aber eine seelische Wunde entsteht auch, wenn wir etwas nicht bekommen, das wir gemäß unserer evolutionären Erwartung bekommen sollten. Beispielsweise als Baby am Körper getragen zu werden, bis wir selber laufen können, oder gestillt zu werden. In einen Kinderwagen und ein Kinderbettchen gesteckt statt getragen zu werden, kann sich bereits als seelische Verletzung auswirken, da unbewusst-selbstverständlich die Erwartung und das Bedürfnis, am Körper getragen zu werden, vorhanden ist, wenn wir auf die Welt kommen. Wir bringen Erwartungen von der Erde mit, wenn wir auf die Welt kommen, und ebenso Erwartungen aus dem Himmel, aus der Welt der Engel, wo alles Unschuld, Liebe und Schönheit ist. Werden diese Erwartungen nicht erfüllt, fühlt es sich wie eine Verletzung an.

Aus all diesen Erfahrungen baut sich unser Selbstbild auf, das, was wir glauben, zu sein.

„Ich bin jemand, der kein Vertrauen, der vor allem Angst hat.“

Nicht getragen? Nicht geborgen?

„Ich bin nicht wichtig, nicht erwünscht, nicht geliebt, niemals zufrieden." Nicht gestillt?
„Man sieht mich nicht, ich bin wertlos oder weniger wert, klein, machtlos, arm, bedürftig, Opfer von Unrecht, vernachlässigt." Nicht (genug) beachtet?
Und so fort. Jede/r von uns hat einen solchen Cocktail negativer Grundüberzeugungen. Du kannst froh sein, wenn auch einige positive dabei sind!
Das Selbstbild ist, womit wir identifiziert sind. Wären wir mit unserer Seele identifiziert, die per definitionem grenzenlos, unendlich, unsterblich und heil ist, so könnten wir erkennen, dass wir dieses unzulängliche Selbstbild nicht sind, sondern nur glauben zu sein; nichts könnte uns verletzen. Da wir aber mit dem Selbstbild identifiziert sind, kann nur allzu vieles uns verletzen!

Körperliche Herzensarbeit räumt damit auf. Nicht von heute auf morgen natürlich, aber jeder Aspekt deines Selbstbildes wird unweigerlich früher oder später beleuchtet werden, wenn du nur konsequent genug deine Probleme mit Herzensarbeit behandelst.

Die seelische Wunde heilt, wenn der Schmerz der Verletzung bewusst und mit ganzem Herzen gefühlt wird. Die Zuwendung, die Wahrnehmung, das Fühlen ist der heilende Balsam. Das wiederum ist nur möglich, wenn du dir dabei klar machst, dass es sich um ein Gefühl handelt. Ganz gleich welche Umstände es ausgelöst haben mögen: Deine Aufmerksamkeit ist nicht bei den Umständen, sondern bei dem Gefühl, und dieses möchte als Gefühl erkannt und gefühlt werden. Genau in dem Moment beginnt die Wunde, sich zu schließen.

Aus falschen Überzeugungen aufwachen

Eng verbunden mit der Heilung seelischer Wunden ist das Erwachen aus den dazugehörigen Identifikationen. Es ist die logische Folge davon. Mein Leben lang war ich davon überzeugt, unerwünscht und nicht existenzberechtigt zu sein, aber ich habe es nicht gemerkt. Es war einfach eine von diesen unsichtbaren Grundüberzeugungen und mir so selbstverständlich, dass ich nie auf die Idee gekommen bin, es einmal bewusst wahrzunehmen. Und natürlich habe ich mich überall entsprechend verhalten. Und wurde entsprechend behandelt. Aber eines Tages, als ich mir einen kleinen, lächerlich unbedeutenden Vorfall, über den ich mich geärgert hatte, mit Herzensarbeit anschaute, entdeckte ich den Schmerz, unerwünscht zu sein, und die damit zusammenhängende Überzeugung, nicht existenzberechtigt zu sein. Die Folge dieser Herzensarbeit war zunächst, dass mir nun bewusst wurde, in wie vielen Situationen ich mich so verhielt, als sei ich unerwünscht und nicht berechtigt – eigentlich in fast allen! Und da ich ja nun entdeckt hatte, dass das ein Gedanke und keine Tatsache war, verlor dieser Gedanke nach und nach seine Macht über mich und ich begann, mich anders zu verhalten. Selbstverständlicher, sicherer, ruhiger.

Wichtiger Hinweis: Ein Gedanke ist ein Gedanke! Wenn du merkst, dass du mit einem Gedanken identifiziert bist, erinnere dich daran.

Reaktions- und Verhaltensmuster loswerden

Dies ist wiederum eine logische Folge des Erwachens aus falschen Überzeugungen. Warum reagiere ich in manchen Situationen so, wie ich gar nicht reagieren möchte? Weil die Situation mich überrumpelt und ich nicht die Zeit habe – oder sie mir nicht nehme –, um zu Bewusstsein zu kommen und zu überlegen, welche Reaktion angemessen wäre und ob überhaupt eine nötig ist. Weil ich nicht wach, nicht präsent bin. Die Folge ist, dass ich entsprechend meiner Automatik reagiere. Diese Automatik wiederum basiert auf Grundüberzeugungen. Beispiel: Mein Mann reagiert kühl auf eine freundlich-zärtliche Zuwendung und wie der Blitz verlasse ich fluchtartig den Raum. Draußen komme ich zur Besinnung und gucke mir an, was mich veranlasst hat, so zu handeln. Letztendlich, unter einigen Emotionen wie Zorn, Trotz, Trauer und Rache finde ich den Schmerz, abgewiesen zu sein. Damit verbindet sich die Grundüberzeugung, überhaupt abgelehnt und ablehnenswert zu sein. Flucht ist immer schon meine automatische Reaktion auf Ablehnung gewesen. Nun, da die Grundüberzeugung, abgelehnt zu sein und daher logischerweise auf Abweisung zu stoßen, nicht mehr für eine Tatsache gehalten, sondern als Gedanke erkannt wird, brauche ich auch nicht mehr zu flüchten. Die Flucht war ja nur mein Versuch, dem Schmerz zu entrinnen, und der Schmerz war nur da, weil ich mich für abgelehnt hielt.

Also: Wenn du ein Verhaltensmuster loswerden möchtest, nimm eine beliebige Situation, in der du dieses Muster an den Tag gelegt hast – sie muss natürlich deutlich in deiner Erinnerung sein oder, noch besser, dich gerade akut beschäftigen –, und gehe ihr per Körperzentrierter Herzensarbeit auf den Grund. Wie fühlt es sich körperlich an, an diese Situation zu denken? Welche Gefühle tauchen in deinen Körperreaktionen auf, was brauchen sie von deinem Herzen? Frage, bis du auf den Schmerz stößt, der dem Ganzen zugrunde liegt, und mit dem automatisch eine Überzeugung verbunden ist. Erkennst du den Schmerz als Gefühl (indem du ihn fühlst!, nicht, indem du dir das nur denkst) und die Überzeugung als Überzeugung, also als Gedanken, dann hören beide auf, dich zu beherrschen. Eine Weile wird das alte Muster noch abgespult, aber du wirst es jetzt sofort bemerken, und nach und nach wird es neuen Verhaltensmöglichkeiten weichen.

Beziehungen klären und harmonisieren

Wiederum logisch ergibt sich aus alldem – wenn du mir bis hierhin gefolgt bist –, dass deine Beziehungen zu Mitmenschen, nahe- und fernerstehenden, sich klären und harmonisieren. Denn nach und nach erkennst du deine eigenen Projektionen: Wir sehen ja im Anderen immer nur das, was wir aus vergangenen Erfahrungen und Überzeugungen heraus auf ihn projizieren. Die Person selber fangen wir erst an wahrzunehmen, wenn wir unsere eigenen Projektionen zur Seite schieben und anfangen, uns für die Wirklichkeit des anderen zu interessieren. Wir schieben die Projektion zur Seite, indem wir sie als solche erkennen. Zuvor aber können wir sie nutzen. Wenn dein neuer Partner dich so reagieren lässt, wie du als Kind auf deinen Vater reagiert hast, dann schenkt er dir damit eine Gelegenheit, die Beziehung zu deinem Vater zu klären. Mit Körperzentrierter Herzensarbeit ist das sehr einfach. Mache einfach Herzensarbeit mit jedem Vorfall, der dir diese kindlichen Reaktionen entlockt! Vergiss nicht, zu prüfen, ob ein Teil der Gefühle, die du dabei entdeckst, nicht deinem Vater gehören, und sie zurückzugeben. Dadurch wirst du frei von deinen Projektionen auf deinen Vater – der ja nicht nur dein Vater, sondern auch ein Mensch wie du und ich ist oder war. Du erkennst, wie dieser Mensch selber sich fühlt oder gefühlt hat, dein Herz geht auf, vieles rückt sich zurecht. Und zugleich befreist du dich und deinen neuen Partner von diesen alten Überzeugungen und Gefühlen. Das verstehe ich unter „eine Beziehung klären".

Aber gehören nicht zwei dazu, um eine Zweierbeziehung zu klären, wirst du jetzt vielleicht fragen. Ja, es ist schön, wenn beide diese Arbeit tun. Aber es funktioniert auch, wenn nur du Herzensarbeit anwendest. Nicht jeder hat ja die Lust, die Veranlagung, die Geduld oder die Motivation dazu. (Motivation entsteht leider meist durch Leid.) Wenn du selber aus deinen falschen Überzeugungen aufwachst und daher nicht dauernd auf alles emotional reagieren musst, bist du weniger abhängig vom Verhalten der anderen Person, und das ist sowohl für dich als auch für den anderen eine große Befreiung. Außerdem geht dir dein Herz auf durch die Herzensarbeit, und du kannst wahrnehmen, wie der andere Mensch sich fühlt. Dadurch bekommst du Verständnis, Respekt und Mitgefühl. Was nicht bedeutet, dass du immer lieb und brav bist, aber dass du offen bist für die Gefühle des anderen und ihm Interesse entgegenbringst. Somit erlebst du eine wärmere, schönere, erfüllendere Beziehung, auch wenn dein Mitmensch sich vielleicht nicht so sehr verändert! Und wenn du merkt, dass du unbedingt möchtest, dass er sich verändert, dann denk daran, dass dies wieder eine Gelegenheit ist, einer deiner inneren Problematiken auf den Grund zu gehen. Als kleine Kinder sind wir vom Verhalten unserer Eltern abhängig, weil wir noch

nicht eigenständig existieren können. Als Erwachsene sind wir vom Verhalten unserer Partner nicht abhängig (außer wenn wir sie zu unserer körperlichen Versorgung brauchen, etwa, weil wir schwerkrank sind). Wenn wir es doch sind, steckt kindliche Projektion dahinter, wird also Herzensarbeit gebraucht!
Das alles gilt sinngemäß nicht nur für unsere intimen Beziehungen, sondern auch für die zu unseren Kollegen, Vorgesetzten, Mitarbeitern, Freunden und sonstigen Bekannten.
Herzensarbeit klärt Missverständnisse, entfernt Vorurteile und Projektionen, macht den Weg zur wirklichen Beziehung frei (von Mensch zu Mensch statt von Projektion zu Projektion) und öffnet die Herzen.

Ängste überwinden

Manche Ängste sind durch Körperzentrierte Herzensarbeit ganz leicht zu überwinden, weil ihr Hintergrund auf der psychologischen Ebene liegt und überhaupt ein Missverständnis ist. Das sind die Ängste, die sich auf die seelischen Wunden beziehen – Angst vor Ablehnung, Ungerechtigkeit, Demütigung und so fort. Du spürst die Angst im Körper auf, fühlst sie, lernst sie kennen, prüfst, was sie von deinem Herzen braucht, und dann entdeckst du das, wovor du Angst hast, fühlst es und stellst fest, dass es ein Gefühl und Gedanke ist und keine Tatsache. Sobald dir durch und durch klar ist, dass das, wovor du Angst hast, ein Gefühl und keine Realität ist, entfällt ja der Grund für die Angst.
Mit Ängsten, die sich mit realen Gefahren verbinden, ist es ein wenig schwieriger. Da ist „überwinden" auch gar nicht die richtige Zielsetzung. Denn in Bezug auf reale Gefahren hat ja die Angst

eine wichtige Funktion. Sie will nicht überwunden, sie will beachtet werden, denn wenn du sie „überwindest", wirst du unvorsichtig! Wenn du sie beachtest, wirst du aufmerksam, wachsam, achtsam mit der Situation umgehen. Du wirst es übrigens merken, wenn du die Herzensschlüssel durchprobierst: Wenn die Schlüssel „Wahrgenommen werden" und „Beachtet werden" die erlösenden sind, dann ist deine Angst ein wichtiger Begleiter in der Situation, der dich warnt und vorsichtig macht. Braucht eine Angst aber nur Herzensschlüssel wie „Verständnis" und „Mitgefühl", dann entbehrt sie wahrscheinlich in deiner aktuellen Wirklichkeit einer realen Grundlage und ist nur ein Gefühl aus der Vergangenheit.

Wieder fühlen lernen

Viele Menschen kommen in meine Seminare, weil sie „wieder fühlen lernen" möchten. (Ich habe auch ein Buch geschrieben, das genau so betitelt ist.) Meist sind es Männer, die mit diesem Anliegen kommen. Wieder fühlen lernen – das ist genau das, worum es in der Herzensarbeit geht. Und das Fühlen beginnt im Körper, dem Ort, an dem die Gefühle sich ausdrücken, daher ist meine Herzensarbeit „körperzentriert". Du kannst nicht abstrakt fühlen, sozusagen nur geistig, sondern zu fühlen ist genau das, was Körper und Geist verbindet. Daher arbeite immer „körperzentriert", das heißt: Lass den Körper während der ganzen Übung im Zentrum stehen! Deshalb ist es auch so wichtig, den Atem bewusst zu spüren. Der Atem ist das Instrument, mit dem du die Gefühle im Körper berührst und zugleich das innere, das seelische Erleben darin, also das Gefühl bewusst erleben und nicht nur erkennen kannst.

Die Körperzentrierte Herzensarbeit auf alle Themen anzuwenden, die dich beschäftigen, wird dir helfen, (wieder) fühlen zu lernen. Und zu fühlen beinhaltet weit mehr als nur Emotionen wahrzunehmen: Die Aufmerksamkeit aufs Fühlen zu richten wird dich auch wach machen für Instinkt und Intuition, für die Botschaften, die in der Ausstrahlung anderer Menschen enthalten sind, aber auch für Räume, Orte, Nahrungsmittel …

Und mehr noch:
Fühlen ist das, was dich lebendig macht.
Deshalb sehnen sich so viele Menschen danach, es „wieder zu lernen".

Körperliche Beschwerden lindern und heilen

Die meisten körperlichen Beschwerden haben einen emotionalen Kern. Alle traditionellen Medizinlehren wissen das und ich selber habe es unzählige Male erlebt und beobachtet, wie sich in Rücken- oder Magenschmerzen, Herz- oder Blasenproblemen, ja selbst in Zahnschmerzen verdrängte Gefühle aufspüren lassen und die Beschwerden sich bessern, manchmal ganz verschwinden, wenn das Thema mit der Methode bearbeitet wurde.

Die Vorgehensweise ist die gleiche wie im Praxisteil erklärt, nur kannst du den ersten Schritt (Thema und Ausgangssituation) weglassen, du steigst ja gleich mit dem Körpersymptom in die Übung ein.

Also:

- mit ganzer Aufmerksamkeit das Körpersymptom erleben und den Atem dabei spüren,
- darauf achten, wie du dich darin fühlst, also welches Gefühl oder welche Gefühle darin verborgen sind, auftauchen, sich ausdrücken, und diese Gefühle, eins nach dem anderen, gründlich kennenlernen,
- prüfen, was jedes einzelne Gefühl von deinem Herzen braucht,
- schauen, ob du es vielleicht an jemanden zurückgeben musst, weil du es einst unbewusst von dieser Person übernommen hast,
- dann zurück in die Körperwahrnehmung:
Was hat sich verändert?

Weitermachen, bis das Symptom sich deutlich verändert hat oder du spürst, dass es (für heute?) genug ist.
Nützliche Hinweise: Manchmal stecken in ein- und derselben Körperstelle ganz viele Gefühle. Dann musst du einfach geduldig immer wieder hineinspüren. Irgendwann hast du sie alle entdeckt und versorgt und der Körper lässt sie los.
Manchmal fällt es schwer, die Gefühle zu entdecken, die in einem Symptom verborgen sind, wenn man kein Thema dazu hat. Wenn ich mir als Thema beispielsweise angucke, dass ich mich immer wieder mit Computerarbeit überanstrenge, dann fällt es mir leicht,

in den dabei auftauchenden Rückenschmerzen das Gefühl zu entdecken, zum Beispiel „Anstrengung“ oder „Qual“ oder „Überlastung“. Wenn ich jedoch als Ausgangsthema einfach „Rückenschmerzen“ nehme, ohne zu wissen, mit welchem Lebensbereich sie zu tun haben, ist es schwieriger, das Gefühl darin zu erkennen.

Herzensarbeit mit Thema als Einstieg,
Gefühle vergleichsweise leicht zu erkennen

Thema und Ausgangssituation: „Zuviel am Computer“
Körpersymptom: Rücken tut weh
Gefühl darin: gequält, überanstrengt
Herzensschlüssel: will gesehen, beachtet, gefühlt werden und dass ich mich darum kümmere (Erbarmen)

Herzensarbeit zu Körpersymptom, ohne Thema als Einstieg,
Gefühle erkennen manchmal schwieriger

Thema und Ausgangssituation: Rückenschmerzen
Gefühl darin: Keine Ahnung, es tut einfach weh
Herzensschlüssel: ??

In solchen Fällen schlage ich folgendes Vorgehen vor:

Thema und Ausgangssituation: Rückenschmerzen
Gefühl darin: ??
Thema einblenden: Während du weiter in deinen Rücken hineinspürst, denk an deine Lebenssituation: Arbeit, Zuhause, Beziehung, Familie, Finanzen … was immer gerade dazu gehört. Achte darauf, bei welchem Gedanken dein Rücken sich deutlicher bemerkbar macht. Verweile dort und spüre wieder in den Rücken hinein, wahrscheinlich fällt es dir jetzt leichter ein Gefühl darin zu erkennen.

Mehr Selbstliebe und innere Sicherheit finden

Jede einzelne Herzensarbeit ist ein Akt der Selbstliebe und führt zu mehr Selbstliebe. Jedes Mal, wenn du dein Herz aufmachst für ein Gefühl, das du vergessen, verdrängt, übersehen, aus deinem Herzen verbannt hattest, kehrt ein Teil von dir nach Hause zurück. Nach und nach entsteht dadurch eine innere Sicherheit. Du musst nicht mehr so sehr danach schauen, was andere tun oder denken, du findest deine Richtlinie in dir selber, in deinem eigenen Herzen, und du lernst zu respektieren, was dein Herz dir sagt.

Nach und nach wirst du merken, dass du dir selber gegenüber mehr Toleranz und Verständnis entgegenbringst, dich weniger streng beurteilst, dir möglicherweise sogar liebevoll begegnest.

Die Gefühle anderer verstehen

Je mehr Gefühle du in dir selber entdeckst und ins Herz holst, desto mehr Verständnis entwickelst du automatisch für die entsprechenden Gefühle in anderen. Da du nun ein offenes Herz dafür hast, kannst du sie in anderen erkennen und anerkennen, verstehen und respektieren. Und oft sogar ganz direkt (mit-)fühlen.

Und jedes Mal, wenn du ein Gefühl in dir entdeckst, das du von jemand anderem übernommen hast, und es dieser Person zurückgibst, öffnet sich dein Herz für diese Person und du verstehst endlich, wie sie sich fühlt oder gefühlt hat!

Ein offenes Herz entwickeln

Und so entwickelst du nach und nach ein offenes Herz, für dich und für andere. Allerdings entspricht der neue Zustand des offenen Herzens nicht immer dem, was du dir vielleicht vorher darunter vorgestellt hast. Ein Mensch kann lieb, zurückhaltend und schüchtern in seinem Verhalten und doch verschlossen in seinem Herzen sein, während ein anderer in seinem Verhalten grob, verschlossen und unfreundlich erscheinen mag und doch ein offenes Herz haben kann! Ein offenes Herz zu haben heißt, einfach fühlen zu können, sich also nicht davor zu verschließen, seine eigenen Gefühle – welche es auch seien – zu fühlen und sich auch nicht vor den Gefühlen anderer zu verschließen. Die Folge kann sein, dass du freundlicher und toleranter wirst. Sie kann aber auch darin bestehen, dass du nicht mehr abhängig bist von der Zuneigung anderer, nicht mehr so ängstlich, und dich daher traust, ehrlicher zu sein und mehr zu dir selbst zu stehen! Wenn ich ein offenes Herz für einen Freund habe, der sich dumm und rücksichtslos verhält, dann bin ich in der Lage, ihm die Leviten zu lesen. Das kann ich nicht, wenn mein Herz nicht offen ist, weil ich mit meiner Angst, ihn zu verärgern oder zu verlieren identifiziert bin! Wenn das Herz offen ist, fühlt es, und wenn es fühlt, ist es lebendig.

Konflikte bewältigen oder überflüssig machen

Das ist natürlich ein großer Anwendungsbereich für die Körperzentrierte Herzensarbeit. Egal ob du dich mitten in einem Konflikt befindest oder sich einer anbahnt: Stopp. Erstmal durchatmen und in dich gehen. Dich um deine Gefühle kümmern. Möglicherweise – wahrscheinlich sogar – entdeckst du darunter Gefühle, die den anderen Beteiligten gehören und die du zurückgeben kannst. Oft – wie in vielen Beispielen dargestellt – entfällt damit zumindest für dich die Grundlage des Konflikts. Ist jedoch trotzdem eine Auseinandersetzung nötig, so wirst du mit Klarheit und offenem Herzen deinen Standpunkt nicht nur viel besser vertreten können, sondern wahrscheinlich wird er auch besser verstanden und angenommen werden. Und du selber wirst für die Ausführungen der Gegenpartei offener sein, sie besser verstehen und respektieren können, so dass die Basis für eine vernünftige Lösung entsteht.

Vergiss bei der Herzensarbeit zu diesem Konflikt nicht, auch darauf zu achten, wonach du dich sehnst oder was deine eigener Wunsch ist. Worum geht es dir, was möchtest du erreichen? Formuliere das ganz klar für dich, spüre und fühle diese Sehnsucht und prüfe, was sie von deinem Herzen braucht.

Auch innere Konflikte kann man gut mit Körperzentrierter Herzensarbeit lösen. Nehmen wir an, es gibt zwei Teile in dir, die nicht miteinander zu versöhnen sind. Nennen wir sie A und B. A will dies, B will das. Beide Teile haben jeweils ein eigenes Gefühl, und diese Gefühle kannst du einmal ganz bewusst anschauen.

Als erstes aber kümmere dich um dein aktuelles Gefühl, nennen wir es „AB: wie es sich anfühlt und wie du dich fühlst in und mit diesem Konflikt.“ Vielleicht zerrissen, unschlüssig oder ratlos. Öffne dein Herz für dieses Gefühl. Oft braucht es Raum. Falls das der Fall ist, gib ihm tatsächlich erst einmal Raum, bevor du dir, vielleicht an einem anderen Tag, die beiden Konfliktparteien vorknöpfst. Lasse sie zu Wort kommen, so wie du zwei Kinder, die miteinander streiten, zu Wort kommen lassen würdest: Erst A, dann B. Was sagt A, was will A? Drücke laut oder in Gedanken die Gedanken und Gefühle von A aus, spüre dann in den Körper hinein und entdecke eines nach dem anderen die Gefühle in den Körperempfindungen. Hole sie ins Herz. Lasse dann – vielleicht wieder an einem anderen Tag – B zu Wort kommen und gehe genauso vor. Auch wenn dein Verstand A und B nicht vereinbaren kann, dein Herz kann es.

Emotionale Stabilität entwickeln

Die emotionale Stabilität, die du durch die Körperzentrierte Herzensarbeit findest, ist kein statischer Zustand von Gleichmut und Gelassenheit, in dem dich nichts mehr aus der Ruhe bringen kann. Sie besteht vielmehr in der Entdeckung einer sicheren Plattform in deinem Innern, auf die du dich retten kannst, wenn ein emotionaler Sturm losgeht – eine Plattform mitten im Ozean der Gefühle. Von dieser Plattform aus kannst du alle Gefühle zulassen und in ihrer ganzen Größe erleben und trotzdem nicht in ihnen untergehen. Diese Plattform heißt bewusste Wahrnehmung.

Eine höhere Perspektive finden

Körperzentrierte Herzensarbeit ist nur von einer höheren Perspektive heraus überhaupt möglich, aber diese höhere Perspektive ist nichts Mystisches und nichts schwer Erreichbares, sondern einfach das Umschalten auf „bewusst wahrnehmen“ anstatt „identifiziert sein“. Verzweiflung überwältigt dich. Statt „Ich bin verzweifelt“ sage dir: „Aha, da ist Verzweiflung.“ Schon diese veränderte Formulierung hebt dich in eine höhere Perspektive. Nun kannst du dich diesem Gefühl zuwenden und dich darum kümmern, anstatt in ihm unterzugehen.

Am Ende einer gelungenen Herzensarbeit, wenn du einem Thema ganz auf den Grund gegangen bist, wirst du manchmal ganz von selber Momente der Erleuchtung, des tiefen Friedens oder von umfassender Erkenntnis erleben. Also hast du dich auf eine höhere Bewusstseinsebene begeben, auch wenn du das überhaupt nicht angestrebt hast.

Achtung, tappe hier aber nicht in die Falle einer erneuten Identifikation, sondern bleib wahrnehmend! Das heißt: Nimm auch diesen neuen wunderbaren Zustand bewusst wahr und verschwinde nicht in ihm! Lerne den Körperzustand und das Gefühl dazu kennen und öffne dein Herz dafür!

Zu Gelassenheit kommen

Gelassenheit ist eine Haltung, die sich ergibt, wenn man alles nicht (mehr) so wichtig nimmt. Sie ist nicht zu verwechseln mit der resignierten Bitterkeit des älteren Menschen, der im Verlaufe seines

Lebens alle seine Hoffnungen zertrümmert gesehen hat und daher meint, dass sowieso alles egal ist! Natürlich hilft Herzensarbeit dabei, eine Haltung der Gelassenheit zu erreichen. Aber Gelassenheit ist nicht nur eine Haltung und eine Art, die Dinge zu sehen, sondern es ist vor allem auch ein Gefühl. Und dieses Gefühl stellt sich oft am Ende einer gelungenen Herzensarbeit ganz von selber ein. Hier besteht die Kunst darin, in diesem Moment die Herzensarbeit nicht abzubrechen und zu denken: „Wow! Jetzt bin ich gelassen!" und das für die neue Tatsache zu nehmen, sondern auch diese Gelassenheit als Gefühl kennenzulernen und ins Herz zu holen.

Wenn du Gelassenheit als eine Art Tatsache erreichen und behalten möchtest, bist du im Sinne der Methode auf dem Holzweg, denn du bist wieder einseitig mit etwas identifiziert – anstatt einfach alles, was auftaucht, wahrzunehmen, kennenzulernen und mit offenem Herzen zu fühlen. Somit beendest du deine Reise des Erwachens, wo sie doch noch gar nicht richtig angefangen hat! Es gibt noch so viel Schönes zu entdecken, nicht nur Gelassenheit, sondern auch Begeisterung, nicht nur Losgelöstheit, sondern auch Engagement, nicht nur Gleichmut, sondern auch Liebe … So viele Arten und Nuancen von Gefühlen, die darauf warten, entdeckt und gefühlt zu werden!

Spirituelles Erwachen einleiten und unterstützen

Körperzentrierte Herzensarbeit ist eine exzellente Unterstützung für die spirituelle Übung. Der Weg zum Himmel führt durchs Herz! Und die Unterdrückung von Gefühlen im Namen einer spirituellen Veredelung direkt in die Hölle. Außerdem erweist sie sich, konsequent durchgeführt, zu einem Weg an sich.

Fremde Bürden loswerden, die du dir aufgeladen hast

Es ist unglaublich, wie schnell und umfassend sich Veränderungen im Gefühlsleben und Verhalten einstellen, wenn man sich von Fremdgefühlen befreit. Manchmal sind es einzelne Gefühle, die man übernommen hat, manchmal ganze Gefühlskomplexe samt Grundschmerz und Grundüberzeugung, die als fremd erkannt und zurückgegeben werden. Denk nicht darüber nach, ob das bei dir auch der Fall sein könnte, sondern probiere es aus! Wenn du in der Körperzentrierten Herzensarbeit an den Schritt „Fremdgefühle zurückgeben" kommst, überlege nicht, von wem das betreffende Gefühl übernommen sein könnte, sondern stelle einfach alle in Frage kommenden Personen plus eine Figur, die „unbekannt" repräsentiert, auf und beobachte, was geschieht! Wenn du das Gefühl an die richtige(n) Person(en) zurückgegeben hast, wirst du es eindeutig merken. Die Last gleitet von dir ab.

Wünschen und Sehnsüchten zur Erfüllung verhelfen

Wenn du eine Sehnsucht zutage förderst, die du vorher ignoriert oder unterdrückt hattest, und ihr dein Herz öffnest, kannst du manchmal etwas Seltsames erleben. Bei dem richtigen, dem entscheidenden Herzensschlüssel stellt sich in vielen Fällen eine innere Gewissheit ein, dass du nun auf dem Weg zur Erfüllung dieser Sehnsucht bist. Die Sehnsucht strebt ja nach ihrer Erfüllung, wenn du sie nicht daran hinderst, und das Hindernis hast du gerade entfernt. Also bist du auf dem Weg! Auch wenn dein Verstand keine Ahnung hat, wie das möglich sein soll.

Hier kannst du die Übung beenden und fortan einfach diese Sehnsucht „hochhalten" – auch eine Formulierung, die als Herzensschlüssel ausprobiert werden kann. Erinnere dich immer wieder an diese Sehnsucht, hege und pflege sie in deinem Herzen – als Gefühl, nicht als Tatsache! Fühle sie, gib ihr Raum, erinnere dich oft an sie. Du wirst subtile oder deutliche Veränderungen erleben, wenn du das übst.

Aber das noch weitaus größere „Aha" kannst du erleben, wenn du Herzensarbeit an dieser Stelle nicht abbrichst, sondern noch einen Schritt weitergehst: Stell dir die Erfüllung dieser Sehnsucht vor. Über die Körperempfindung, die sich dabei einstellt, entdecke das gute Gefühl, das diese Erfüllung dir gibt (siehe Übungsanleitung auf Seite 88-89). Öffne dein Herz für dieses gute Gefühl, indem du alle Schlüssel durchprobierst, am Schluss den wichtigsten: „Als Gefühl wahrnehmen statt als Tatsache". Wenn dieser Schlüssel greift, fällt der Groschen: Du wirst merken, dass du gerade in dir selber das entdeckt hast, was du in der Welt draußen gesucht hast. Nämlich dieses Gefühl. Das ist es nämlich, worum es dir wirklich ging.

Du dachtest, du brauchst diesen äußeren Umstand oder dieses Objekt oder diesen Menschen dafür, um dieses Gefühl zu haben. Aber jetzt hast du gerade entdeckt, dass das Gefühl schon in dir vorhanden ist. Du hast es nur nicht wahrgenommen. Jetzt brauchst du es nur noch im Herzen zu halten, zu pflegen und zu hegen, indem du ihm viel Aufmerksamkeit gibst, so wie man ein junges Pflänzchen hegt und pflegt, damit es wachsen kann. Nach und nach wird dieses Gefühl, das dir völlig neu war, immer selbstverständlicher werden, wird deine Körperhaltung, den Energiefluss in deinem Körper, dein Denken, deine Sichtweise, dein Verhalten, deine Ausstrahlung verändern. Auf diese Weise gelangst du in Resonanz mit der äußeren Realität, die du dir gewünscht hattest, wirst kompatibel damit.

[BEISPIEL]

Emma ist arm

Emma ist in Armut aufgewachsen, und hat gelernt, dass die Armen eine Welt für sich sind und die Welt der Reichen eine andere. Sie ist identifiziert mit Armut: „Ich bin arm." Als „Emma die Arme" betrachtet sie die Welt der Reichen mit Sehnsucht, Ohnmacht und Neid. In Gesellschaft wohlhabender Menschen fühlt sie sich unwohl, nicht zu Hause, nicht akzeptiert, und diese spüren das natürlich und behandeln sie entsprechend. Jeder spürt, dass sie nicht dazugehört, die Armut steht ihr ins Gesicht geschrieben.

In ihrer Herzensarbeit zu diesem Thema hat Emma die Gefühle von Neid, Sehnsucht und Aussichtslosigkeit ins Herz geholt. Dann hat sie entdeckt, dass sie diese Gefühle und die dazugehörigen Überzeugungen von ihren Eltern übernommen hat. Sie hat sie ihnen zurückgegeben und ihnen im Geist dazugesagt, dass auch sie sie zurückgeben können, an ihre Vorfahren. Als Grundschmerz hinter dem Ganzen entdeckt sie das Gefühl von Wertlosigkeit. Nun ist sie in der Lage, ihre Sehnsucht nach Reichtum, die sie vorher wegen ihrer Identifikation mit Aussichtslosigkeit unterdrückt hat, endlich einmal wahrzunehmen und ins Herz zu holen. Sie brauchte dafür vor allem den Schlüssel „Vom Gedanken der Unmöglichkeit befreit werden“. Dann wendet sie sich dem Bild zu, das diese Sehnsucht ihr malt: Reichtum. Ein großes Haus, schöne Kleider, Reisen … Als sie sich in diese Vorstellung hinein versetzt und darauf achtet, wie sich das anfühlt und wie sie sich fühlt, entdeckt sie „reich“ als Gefühl und letztendlich das Gefühl, „wertvoll“ zu sein.
Einige Wochen lang übt Emma, sich an dieses neu entdeckte Gefühl von Wert immer und überall zu erinnern, es in alle möglichen Situationen in ihrem Herzen mitzunehmen. Eines Tages folgt sie der Einladung einer ehemaligen Klassenkameradin zu einem Fest in einem sehr wohlhabenden Milieu. Sie wird problemlos akzeptiert, als zugehörig betrachtet und fühlt sich auch so. Emma erzählt dort von dem Geschäftsplan, den sie in Stunden ihrer sehnsüchtigen Träumerei entwickelt hat, und da sie nun die richtigen Kontakte, die richtige Ausstrahlung plus die Unterstützung einer wohlwollenden Freundin hat, kann sie ihre Pläne tatsächlich realisieren. Schon bald fließen die Gelder, und Emma kann sich leisten, das teure Kleid, das ihre Freundin ihr für das Fest geliehen hatte, durch eines zu ersetzen, das sie sich selber gekauft hat.

Die Moral der Geschichte: Höre auf an deiner Sehnsucht zu leiden und fange an, sie bewusst zu fühlen, völlig unabhängig von der Frage, ob sie dir realisierbar erscheint! Sie ist ja immerhin dein Gefühl und hat verdient, in deinem Herzen gewürdigt zu werden! Entdecke über diese Sehnsucht auch das gute Gefühl, das ihre Erfüllung in dir weckt, und pflege es. Dann ist die Wahrscheinlichkeit groß, dass du am Ende tatsächlich das bekommst, was du dir am Anfang gewünscht hast, oder etwas Ähnliches, noch Besseres. Nur ist es jetzt nicht mehr so notwendig für dich wie es dir zuvor erschien. Du besitzt ja schon das Gefühl und damit das, worum es dir eigentlich ging.

Auf diese Weise hast du in der Praxis deines persönlichen Lebens ganz konkret das entdeckt, was die Weisen immer schon gesagt haben: Das, was du suchst, ist schon vorhanden, und zwar in dir. Nur, dass das jetzt keine große, allgemeine philosophische Erkenntnis für dich ist, die dir vielleicht allgemein betrachtet einleuchtet, aber praktisch nichts nützt, sondern eine kleine, ganz konkrete, persönliche Erfahrung, die dein Leben tatsächlich verändert. Und die dir Mut und Lust macht, auf diesem Weg des Herzens weiterzugehen.

WEITERFÜHRENDE LITERATUR von Safi Nidiaye

LITERATUR ZUR KÖRPERZENTRIERTEN HERZENSARBEIT

GEFÜHLE SIND ZUM FÜHLEN DA
Das Handbuch zum positiven Umgang mit negativen Emotionen
Integral/Randomhouse 2017

DAS BEFREITE HERZ
Von der Wohltat emotionalen Aufräumens . Allegria 2012

DER ENTSCHEIDENDE SCHRITT
Das letzte Geheimnis der Wunscherfüllung
Ersterscheinung 2010 Allegria
Aktualisierte Neuauflage Amazon-TB 2021

WIEDER FÜHLEN LERNEN
Wie wir uns selbst und die Welt heilen können . Integral 2006

AUFWACHEN UND LACHEN
Der einfache Weg zur Freiheit von Ärger, Angst und Leid
Integral 2004 . TB-Ausgabe bei Ullstein Allegria 2007

HERZ ÖFFNEN STATT KOPF ZERBRECHEN
Der Weg zu Freiheit, Freude und Frieden
Ullstein Heyne List 2002 . TB-Ausgabe Ullstein Allegria 2005

www.safi-nidiaye.com

Hans-Peter Dürr (Hrsg.)

PHYSIK & TRANSZENDENZ
Die großen Physiker unserer Zeit über ihre Begegnung mit dem Wunderbaren

Die Autoren dieser außergewöhnlichen Sammlung haben mit der Entdeckung, Formulierung und Interpretation der Quantentheorie die Naturwissenschaften revolutioniert und gelten heute zu Recht als Väter der modernen Physik. Hier kommen die Wissenschaftler nun mit ihrer ganz persönlichen Sicht auf die Zusammenhänge zwischen Naturwissenschaft und Spiritualität zu Wort. Das Buch befasst sich in inspirierender Weise mit den tief greifenden philosophischen Konsequenzen ihrer Entdeckung für die heutige Zeit.

300 Seiten . Taschenbuch . ISBN 978-3-932130-24-3

www.driediger.de